あなたのまなざしが救います

愛は全ての原動力

Nakahara Noriko
中原儀子

KKロングセラーズ

はじめに

子供は、どのような時に救われるのでしょうか?

どのような時に、輝いて、喜んで、幸せを感じることができるのでしょうか?


子を思い、主人と共に家庭の幸福を願う主婦の一人として、三十年以上ボランティア活動を続ける中で、いろいろな悲しみを背負った方のお話をうかがい、心のケアのためにご一緒しながら、私なりにわからせていただけたことがいくつかありました。

愛しているのに、愛情の注ぎ方を間違えてしまった親、愛されているのに、愛情を受け止めることのできない子供、本当は愛し合っているのに、心がうまく伝わらずにすれ違う親子……。

愛から始まっても、相手が見えなくなって問題に発展することがたくさんあります。

子供の頬を流れる涙を見て、そして、その子を抱える母親のたくさんの涙を見て、私は何かのお手伝いができたでしょうか？　何かのお役に立ったでしょうか？

子供に詫びて下さい。

子供を許せますか？

子供から許されていますか？

愛の心が湧き起こって初めて、これらのことができるのです。

愛なくしては、子供にも誰にも幸せは訪れません。

人は、今いる環境の中で、寂しさ、辛さ、悲しみに耐えるうちに、いつか一番大切な愛を気づかずに消していくことがあります。そして子供たちは、消された愛を敏感に感じ取るのです。胸に迫るのはそんな子供たちの「寂しい」と訴える声。目にたくさんの涙をためた、声にならない声でした。

ちょっと立ち止まって、じっと耳を傾けて、子供の泣き顔を見つけたら、心でその声を聞いてあげなければいけないことに気がつきました。

応えてあげる眼差しと、信じてあげる言葉と、優しい手の温もりと……。

これが愛なのでしょう。

はじめに

愛は全ての原動力です。

愛を識ること、愛を培うことの大切さを、多くの子供たちが輝くために伝えたいと願います。これからも、愛を携えてご一緒させていただければ幸いです。

中原儀子

第3章
愛することと詫びること

第4章 愛のある暮しのために

第5章 幸せな心と体を作るために

第6章

泣いている人が一人で悲しまなくていいように　155

第7章 大丈夫、きっと解決できます 177

装幀――――こやま　たかこ
カバー絵――阿部真由美

プロローグ

愛の出発点――私をボランティア活動に導いたもの

十七歳になったある日、私は突然心臓の発作に襲われました。

診断の結果、重い心臓弁膜症であることが判明したのですが、思いがけない宣告に若い私の頭は混乱してしまいました。不安、死への恐怖、そして言いようのない寂しさ……。それまでスポーツの選手として心身共に鍛練していたはずの自分が、急にどんどん弱くなっていくのを感じました。

でも、診断結果を聞いて、いつも優しい父が「儀子《のりこ》、気にするな!」と怒鳴るような大声で言うのを聞いた時、むしろ悲しいのは父や母の方なのだとわかったのです。

とは言え、周りの愛がどんなに私に注がれても、発作のたびに手足が冷たくなっていく怖さに、未熟な私は耐えられませんでした。心臓の鼓動の激しさに「もう死ぬかもしれない」と弱気になり、生きる気力が失われていくようだったのです。

そんな私に、祖母の言葉は不思議な力を与えてくれました。

「大丈夫。儀子は死なない」

その言葉に、私は死なないのかもしれないという一条の光が間違いなく差し込み、私は心身を蘇らせることができたのです。

もちろんそれは祖母の願望の一言にすぎないものだったのでしょう。でも、私の寂しい心がサァーッと引いて、明るい太陽の中にいるような気持ちになりました。なぜだかわからないのですが、本当に心が自信を取り戻し、本当に救われたのです。

この時から私の魂の奥には、人は寂しさには勝てないということや、「大丈夫」と言えるような愛の言葉があれば人は必ず蘇るということが、深く刻まれたのだと思います。

私は今、とても感謝しております。それは、私の周りにたくさん「大丈夫」と伝えさせていただける方がいらっしゃること。そのたびに私は、自分の愛を確認することができるのですから。

それから、幸いなことに病状は回復し、縁あって今の夫にも巡り逢うことができました。

夫と初めて会った見合いの席で、私は病気のことも全て話した後に言いました。

「私は、心臓病で苦しんだ時の、あの寂しさを忘れることができません。人は寂しさには絶対勝てないものだということを知ったのです。ですから私は、残る人生を寂しい方達のお役に立てたいと思っています」

この私の言葉に全てを納得してくれました。それ以来ずっと、理解ある夫として私の活動を助け、優しく見守ってくれています。

今思えば、さまざまな形で試練や幸福が訪れて、自然に私をボランティアの道へ向かうように導いてくれたと言えます。

悩んでいる方達の傍らで愛を持ってケアに当たるためには、どれも必要な経験でした。もしかすると、これが私の使命なのかもしれません。

愛の通過点――娘に「死んじゃえ」と言われた日

苦しみを背負った方の傍らで、寂しさを受け止め、話を聞くこと……その無償の行為は確かに尊いものであるし、私自身も信念を持っていたからこそ、三十年以上もボランティア活動を続けてまいりました。

しかし、ボランティアを続けるということは、主婦であり母である自分の日常の時間を家族以外の方のために捧げることでもあります。

正しいことをしているのだから、人様のお役に立つのだからと、その正当性だけに心を奪われると大切なものを見失う時もあるのだ、と気づかされる出来事がありました。

私の娘が中学二年生になったある日。

ちょっとした注意を与えたところ、娘はものすごい勢いで私に反抗してきたのです。

それは、注意されたことに対して、と言うよりも、注意されたことをきっかけにして、娘の心の中にあったモヤモヤが一度に吐き出された、という感じでした。

娘は「私が学校から帰っても、いつも家にいなかったじゃない」から始まって、あの時はああだったじゃない、この時はこうだったじゃないと、思い出す限りのことをぶつけて、最後には「もう、死んじゃえ！」と叫んだのでした。

私にしてみれば突然ですし、思いがけない娘の言葉です。大きなショックを受けました。

それでも、娘の言葉を聞いているうちに「ああ、この子はとても寂しかったのだ」とわかったのです。

私は、父や母から教えられたように自分の子供たちにもキリスト教の教育を授け、その中で奉仕の心が大切だと教えてきたつもりでしたので、子供たちも、私の奉仕活動を「愛」の形としてしっかり認識してくれていると思っていたのです。

自分は子供たちを充分に愛しているのだから、その愛情についても当然理解してくれているはずだと。

結局それは、私の思い込みであり錯覚だったのです。娘は、私のそういうところを鋭く指摘してきました。

もちろん私は、子供たちを放っておいて奉仕活動だけをしていたわけではありません。家族の時間を大切にするため、夜はなるべく自宅でできるカウンセリングをしておりましたし、家をあける時には「病気で苦しんでいる方のために病院へお手伝いに行くの。ごめんなさいね」などと、その都度ことわって、子供にも理解してもらう努力を続けてきたつもりでした。

人の役に立ちたいと願って真心で出かける母親を、自分たちのわがままで引き止めることはできない。頭でわかっているだけに、心の中で寂しさはつのっていたのかもしれません。そんな日々の積み重ねがあって、娘は私を許さなくなっていったのでしょう。

母親である私だけが気づかなかった、いえ、母親だからこそ気づけなかったのだと思います。

「反抗期」という子供の大切な成長の時期に、娘は言葉と行動でそのことを気づかせてくれたのです。

ポロポロと大粒の涙を出して言う娘の言葉は、どれも本当でした。寂しく病院の庭で弟をあやしながら自転車に乗せていたこと、世話が大変だったこと、待ちくたびれて病院の待合室で寝てしまったこと、などなど……その寂しさは充分伝わりました。

申し訳なくてかわいそうで「由貴、こんなに愛していたのに、寂しい思いをさせてごめんなさい。本当にごめんなさいね」と、娘の身体をしっかりと強く抱きしめました。

すると、あふれ出していた言葉がピタッと止まり、涙が娘の頬を伝って流れました。

そうして「ごめんなさい」と詫びる私に、「嘘よ。死んじゃえなんて言ったけど、嘘なの」と言って手を差し延べてくれました。

私は、親というものは、どこかで詫びなければいけない時がある、あるいは、子供から許されなくてはいけない時があると思っています。

自分は一生懸命やっているのだから、子供を愛しているのだから、ということで何の疑いもなく過ごすうちに、子供の方で大きな寂しさを抱え込んでしまっていることがあるのです。

親がいくら「愛している」と思っていても、子供の方で「愛されている」と実感していなければ、愛していないのと変わりません。

そんなすれ違いが長い時間をかけて気づかぬまま進行し、ある日突然の不登校や家庭内暴力となって噴出することもあります。

親にしてみれば「なぜ、急に?」と驚くようなことでも、子供にしてみれば日々積み重ねたものが形になっただけ、当然の結末であったりするわけです。たいてい、形になる前に、子供は親に何らかのサインを発していることが多いのですが、親は愛情が伝わっていると思い込んでいて、そのサインを見落とすということになります。私の場合も、そうでした。それを娘が気づかせてくれたのです。

実際、私の所にもこうした問題(不登校や家庭内暴力など)で悩んでいる方が相談にみえますが、私は自分の体験から、まずお母様に「愛情がきちんと伝わっていますか」と問いかけます。

子供を力一杯抱きしめて「本当はあなたがとても可愛い」と声をかけ、親の言葉と温もりとで心からの愛情を示すこと、それができれば、子供の心に必ず伝わるものがあるはずです。もう大きいのだからといって、スキンシップを避けることはありません。

事実、私が「死んじゃえ」と叫んだ中学二年生の娘を抱きしめた時、娘の身体はもう私よりずっと大きかったのですから。

時として、子供は親の愛情を試す行動に出ることがあります。そこで、行動だけを見て怒ったり制圧したりするより、その子を本当に愛しているのだということを、まず全身で伝えることから始めて下さい。

あの日、娘の寂しさに気づき、心から詫びることができた私は、本当に良い機会を得ることができたと、今では感謝しています。

愛の到達点——軽井沢の小さな家

私のボランティア活動といいますのは、電話で、困っている方のお話を受けたり、実際に出かけていって何かお手伝いをしたり、できる範囲でケアを行う無報酬の活動です。

活動そのものは、自分ができる限りの力を尽くせばいいと思っていましたが、長く続けてまいりますと、「できないこと」にも多く遭遇するということになります。

ある日、目の不自由なお嬢さんを持つお母様からお電話がありました。

聞けば、お嬢さんが十七歳で妊娠してしまったというのです。まだ若いということと、障害のある身だということで、そのお母様は「あなたから堕胎するように説得してくれませんか」と言ってこられたのです。

もちろん、堕ろすことは罪なことです。しかし、ご自分の事情を言って退かない母親に、私がこれ以上何かを説得する権限はありません。現実に苦境に立たされていることを、お母様は三十分近くも切々と訴えておられましたが、私は道を示すことができずに、最後は「ご自分でお考え下さい」と申し上げて、受話器を置きました。

ふと机の向こうで勉強していた娘と視線が合ったのですが、見ると娘は眼にいっぱいの涙をためて私を見ていたのです。

当時中学生だった娘がその一部始終を聞いていて「お母様（私のこと）は良くない」と言うのです。娘はミッション系の学校に通っており、夏休みには親から捨てられた子供たちのいる施設へ奉仕に行かせていただいていましたので、切実な眼差しでした。

「シスターなら、そんなことは言わないわ。きちんと赤ちゃんを産んで、そしてどうしても育てられないと思ったら（教会に）置いて行きなさい、と言うわ」

「そんなこと言っても、私には置いて行きなさいと言える場所もないし、産むまでだって面倒を見てあげられるわけじゃないのよ」

そう言って娘に説明しながら、私は自分自身の活動にある限界を感じ始めていました。

ちょうどその頃は阪神大震災のあった後で、西宮在住の精神科医の先生から「地震の記憶に苛まれる被災地の子供たち」についてお話を聞いたところでした。

倒れた家具の下敷きになって負傷したり、家族や友人を亡くしたり、火事で焼け出されたり……被害は、こうした物理的なものだけでなく、子供たちの心に大きな恐怖心を植えつけることになったのです。夜になると地震が怖くて眠れない、火を見ると火事を思い出して泣き出す、といったように、いろいろな精神的障害が起きているというのです。

しばらく関西を離れて静かな所で暮すのもよい、と言われたのですが、例えばわが家で預かるとしても一人か二人でしょうし、何より都心（新宿区）のわが家では落ち着かないかもしれません。少しの間でも、落ち着いて心の平安を取り戻せる場所があればいいのにと考えていたところでした。

この世に生きていて、悲しい、辛い、寂しいという方達が幸せになれること、これは私の願いでした。喜び、感動し、幸せを感じること、それが許される場所、可愛い家を造りたい。

「よその子の涙になぜ応えてあげないの」と訴えた娘の涙と、あの阪神大震災から生じた多くの寂しい子供のために、私は決心することができたのです。

それは平成七年の秋でした。そして、平成八年の九月には竣工の運びとなったのです。

祖母の持っていた北軽井沢の二百坪の土地に、五十四坪の可愛い家が建ちました（この土地は、「しあわせの里」と呼ばれる所でした）。

中には資金援助を申し出て下さる企業などもありましたが、人様にお金を出していただいて作ったのでは意味がないし、何より「愛だけで」と願う私の意志に反するところから、全てお断わりできました。

税務署からは法人化を勧められたりもしましたが、私の真意をわかって下さいました。

現在、介護福祉士の方にもお手伝いいただいて、精神疾患などで療養の必要な方を中心にケア活動を展開しております。

この施設は、私の活動が一つの形になったものではありますが、これが全ての到達点ではありません。ここに到達して、それから始まることの方が大切なのです。

小さな小さな家ですが、心を病んで一人で立ち上がれない方が笑ってくれたら、おいしいと言って食べてくれたら、歌を歌ってくれたら、本当に感謝の心でいっぱいです。人は必ず変われるのですから。

何より「愛」で作った施設ですから、十分に「愛」を活かせる場であり続けたいと願っています。もちろん、お金をいただいて運営するビジネスではなく、全部ボランティアで。

第1章

いま、子供の心は何と寂しいことか

寂しさがストレスになる

ご存じでしょうか、最近小児ガンが増えていることを。そして、その原因の多くがストレスであると言われていることを。

これまで子供達とはあまり縁がないと思われてきたストレスが、なぜこうも問題視されるようになったのでしょう。

一つには、複雑化した社会全体ということもありますが、子供の行動範囲は大人に比べてずっと狭いものです。学校や家庭といった、本当に小さい社会の中に生活の全てがあり、いわばほとんどのストレスの原因はここから生まれているはずです。

子供の世界は、それなりに大変です。

学校で友達に嫌なことをされたかもしれないし、ケンカをしたかもしれない。先生に怒られたかもしれない。そうして家に帰ってほっとしてテレビを見ていたら、「宿題やったの？」から始まって、ああしなさい、こうしなさい、とお母さんの命令が続く……。

心休まるはずの家庭で、こんなに居心地が悪いのはなぜ？　ということになります。

しかし、親の方では「躾《しつけ》」と思っていますから、上から一方的にものを言ってしまう。子供の心の中にある「寂しさ」に思いを馳せないと、小児ガンなどのストレス性疾患だけでなく、成人してから反動が現れることもあるのです。

先日も、地方から親子で相談に来られた方がありました。

お子さんと言っても、東大を出て一流企業に入ったという立派な青年で、それまではこれといった病気もせずにいたのが、社会人になったら急にあれやこれやと疾患が続いて、精神的にもかなり辛いということでした。

私は、それらの経緯を、目の前に座っている青年その人から聞いたのではありません。隣にいるお母様がすべてお話なさいました。

そうして聞いているうちに、この二人の親子関係が見えてきたのです。

青年はこの年齢になるまで、母親主導の生活リズムの中で育ち、自分の意志や自分の感性ではなく、全てが母親の意志のままでした。

それが社会に出て初めて、社会への対応の仕方や生き方を知り、そのギャップがあまりに大きく、この青年の上にストレスとなってのしかかり、身体の不調が現れたのでしょう。原因は、母親の権威そのものにあったのです。

そこで、話の途中でしたが、私は「今日はもうこれでお帰りいただけませんか?」と、お母様に申しました。

「あなたのお話を聞いていますと、表面的にああだったこうだったとおっしゃるだけで、その時々にお子さんがどういう思いであったかということに全く触れていません。その言葉でお子さんが傷ついていることに気づいてさえいない。何より、お子さん本人のことなのに、なぜあなた一人がそんなにお話なさるのですか?」と。

家庭の中で母親というのはとても大きな存在です。子供にとっては、ある意味で「権威」なのです。接している時間が長い分、それは父親より大きな権威かもしれません。

母親は充分にそのことを承知していて、子供は自分の思い通りになると思っています。その、愛知から来られたお母様は、「せっかく東大に入ったのに。せっかく一流企業に入ったのに」と嘆いておられたけれど、それは表面的なこと。それまでのプロセスの中で、このお母様が子供にどう接していたか、の方が大事です。

多分、この方は何でも上から一方的に伝えていたのではないかと思えました。

もちろん、躾は大切です。常識的な生活態度について「もう遅いから寝なさい」とか「食事の後は歯を磨きなさい」などと言うのは当り前のことですが、すべての生活を親の思い通りにさせようとして与える「指示」は別のものです。その中には、子供が納得できないと思うこともあります。それは、子供の目を見ればわかります。

お母さんが「こうしなさい」と言った時に、子供は母親の眼差しを見ているだけです。子供の目を見て、納得していないなと感じたら、ちょっとそのことに時間をかけてあげることが必要なのです。

「お母さんはこう思う。だから言ったのよ。でも、あなたはどう思うの？」と、ゆっくり目を見て優しく言ってあげて下さい。

「勉強しなさい」も「もう寝なさい」も、子供のために言っていることがきちんと伝われば、子供は納得します。

一方的に言われることで、子供が納得できないまま寂しさをつのらせて、それが日々のストレスを生み出し病気を抱え込むとしたら、これは親の責任に他なりません。

しかし一方で、子供の心の中にある「寂しさ」に気づいてあげられるのも、親の愛の心からなのです。

人は寂しくなると罪を犯す

「寂しさがつのるとストレスになる」と申し上げましたが、ストレスがつのってくると人は体に異常が出るものです。それは、病気となって現れることもあるし、行動として現れる場合もあります。その端的な例が「犯罪行為」です。

神戸で連続殺人を犯した少年が、「寂しかった」と言っています。お父さんもお母さんもいて、何不自由ない暮しの中で、何が寂しかったのでしょう?

私が学校の父母委員をしている頃、不登校や家庭内暴力などの問題について、先生方と一緒に考えさせていただいたことがありました。その結果、たどりついたのは「子供がすごく寂しくなった時に問題が起きている」ということでした。

また、子供から叩かれたり蹴られたりという家庭内暴力の問題を抱えたある親子をケアした時のこと。中学三年生のその男の子は、中二の二学期までは大変優秀だったのに、三学期に入ると欠席が多くなり、三年生になった時には完全な不登校になってしまったのです。普段はとても優しい性格なのに、夜中になるとお母さんに暴力をふるうようになり、さらには止めに入るお父さんにまで暴力をふるうという状態でした。

私は、お母さんと息子さんの二人にお会いしたのですが、お母さんは息子さんの起こした問題行動について延々と言うばかりで、言葉が止まりません。

「お母様のおっしゃることはわかりました。でも私は、息子さんの口から何が悲しいのかを聞きたいだけなのです」と言って、お母様に黙っていただきました。すると、彼はポツリポツリと話し出したのです。

その話の中で、「お兄さんはこうなのに、あなたはどうしてこうなの」と母親に言われる、という彼の言葉が、私にはどうもひっかかりました。どうやらそれが、彼の心に深い傷を負わせているようでした。愛されていると思っていたのに、母親は兄だけを愛しているのだと感じた時の寂しさ……信頼が憎悪に変わるきっかけは些細な、そして不用意な発言でした。ですからその後、お母さんだけに来ていただいて、そのことを申しました。

「今度、息子さんが暴力をふるい始めたら、叩かれても蹴られてもいいからグッと抱いてあげて、『ごめんなさいね』と詫びてあげて下さい。『お母さんが悪かったわ。本当はあなたを一番愛しているのよ』と伝えて下さい」

そのお母さんは、帰ってからすぐにそれを実行に移して下さいました。すると、彼の暴力はピタリとやんでしまったのです。

何か問題が起こったとき、親が子供を責めたり怒ったりするのではなく、まず自分の非を詫び、抱きしめてあげることができれば、年齢に関係なく、必ず子供は問題行動から蘇ります。

また、「怒る」と「叱る」の、意味の違いについて考えることも大切です。「怒る」というのは感情が入った主観的な行動で、「叱る」時の理性や客観性を伴わないものです。

感情的になって怒ると、子供が傷ついていても気づきません。しかし、それがわかっていながら親も人の子で、つい感情的になることもあります。

そんな時は、決して後を引かないように気をつけたいもの。「怒る」と同時に親の方でも反省できれば、子供には伝わりますから。

いじめや少年犯罪が問題になり、自殺者が出たり犯罪の内容がエスカレートすることを皆が憂えていますが、想像もつかないような事件を起こす子供たちの「寂しさ」について、大人が今一度胸に手を当ててみて考える必要があるかもしれません。

相手を思う言葉をかけているかどうか、自分が可愛くて言っている言葉ではないか……。

愛とは、愛されていると感じる側に、権利があるのです。

自分が一番愛されていたい子供たち

母親はみな、一生懸命に子供を育てています。それでも、二人三人と子供がいれば、全員にまんべんなく愛情を注いだつもりでも、どこか偏ったり欠けたりするものです。

私は下の子を授かりました時に、両親から「上の子が寂しがらないように常に公平にするように」と言われました。けれども、上の子を見ている時には下の子の世話が手薄になったり、下の子をかまっていると上の子に手がまわらない、といった事態はどうしても起きてきます。子供は何人いてもお母さんは一人なのですから、ある程度は仕方のないことです。

でも子供というのは自分だけを愛してもらいたい。これが正直な子供の心理です。また子供のうちは、それが許される時間なのでしょう。ですから子供に〝あ、お母さんは私よりお兄ちゃんを可愛がっているんだ。妹を可愛がっているんだ〟というように思わせないことです。

京都大学の数理解析研究所教授のときに、フィールズ賞（国際数学会賞）を受賞された日本を代表する頭脳の一人に、広中平祐さんという素晴らしい数学者がいらっしゃいます。彼はどの著書にも、「母親は偉大だった」と書いています。

広中さんは、十五人兄弟の一人として育ったのですが、お母さんはいつも彼に「平祐、私はお前が一番頼りなんだよ」と言っていたそうです。彼は〝こんなに兄弟がいるのに、お母さんは自分が一番頼りだと言ってくれている。それなら頑張らなくちゃ〟と思って努力しました。ところが、大人になってみると、兄弟全員が各分野で成功しているのです。そこで彼は気づいたそうです。

お母さんは自分に「お前が一番頼りだよ。お前が一番可愛いんだよ」と言ってくれたけれども、多分、他の兄弟にも同じことを言って育てたのだろうということに。だから、それぞれの子供は、自分が一番頼りにされているのだからと思って頑張ったのでしょう。

私は、この話を読んで、素晴らしいと思いました。これは、できるようで、なかなかできることではありません。

子供は親の心を、親が思っている以上に敏感に察知して行動するものです。公平に愛すること、その思いを言葉で伝えることの大切さを教えられるエピソードです。

今は、兄弟といいましてもお子さんは二人、三人という方がほとんどで、一人っ子の割合も大変多くなっているようですが、子供は何人いてもそれぞれに個性があって、全部が違った良いところ、可愛いところを持っているのです。

上の子にはおけいこをさせたから下の子も、上の子はこうして育てたから下の子にも、と同じ教育方法で同じ成果を期待しても、うまくいくとは限りません。

上の子で通用したことが二番目、三番目の子に通用しなくても当然です。個性や資質の差を考えずに、ある一面だけを見て、親の方で「できる子」「できない子」の色分けをしてしまうと、あの家庭内暴力を起こした中学生のようなケースに発展することもあるわけです。一人一人と、その都度、真正面から向き合っていく感覚を大切にしたいものです。

愛の眼差しや言葉が公平に一人一人に注がれていれば、子供達は安心して成長するでしょう。

口をきかない、話をしない子供たち

子育ての初期というのは親は手もかかるし、実に大変な期間です。

私が地方に行った時に相談を受けた方は、小さいお子さんを膝に乗せていらっしゃいました。聞けば四人のお子さんをお持ちで、一番上が四歳だというのです。つまり、年子なのです。お母さんは一番上のお子さんのことで、相談に来られたのでした。

「実は、この子が幼稚園に行っているのですが、言葉を全然話さないのです。精神科に連れて行ったら自閉症と診断されました。私はものすごくショックを受けまして、別の所へ行きましたら、この子は極端な内気だと言われました」

そのお子さんは、声も発しない。何か要求のある時は、お母さんの手を持って「これがほしい」というものを示すのだそうです。

この話を伺った時、私はアメリカの『ニューズウィーク』誌に載っていた記事を思い出しました。アメリカで、口をきかない、話もしないという子供が増えてきたので、ある実験をしたそうです。それは、もしかしたら原因が母親にあるのではないか、という仮説を裏付けるためのものでした。

実験というのは、まず子供を母親から離して全く別の場所に連れて行き、その子供を集中的に愛する人達を配するのです。抱きしめて頬ずりをして、優しい言葉をかけて、全身で愛情を示すようにします。そうしたら子供は声を出すようになり、その子供の口を見ながらゆっくりと「これがほしいの?」と聞くと、その通りに真似て言葉を出すようになったというのです。

実は、これと全く逆の実験が、古代ローマで行われていました。しかしこちらは治療のためではなく、純粋に好奇心から行われたようです。生まれたばかりの赤ちゃんを二十人ほど、母親から引き離して、ごく機械的に世話をするという残酷な実験。抱いたりさすったり声をかけたりということを一切せずに、ただ食べ物を与えるだけで赤ちゃんに触れずに育てたというのです。その結果、赤ちゃんはみんな死んでしまいました（古代ローマということでピンと来た方があると思います。そう、この実験はあの暴君ネロの指示によるものであったと言われています）。

この二つの実験は、何を意味しているのでしょうか。

諦めてしまう子供たち

乳幼児の時期というのは、人間がものすごいスピードでいろいろなものを吸収します。それは口からお乳を吸うだけでなく、目から耳から、そして皮膚から、すべての身体器官を総動員して「愛情」を吸収していると言えます。そしてその愛情こそが、子供を健やかに育てるのだというわけです。

先ほどの四歳のお子さんの場合、生まれて間もなくお母さんが次の子を身ごもったのです。そして程なくして赤ちゃんが生まれ、また妊娠・出産と、年子で四人ですから、お母さんはいつも準備をしているか、下の赤ちゃんの世話をしている状態だったのです。そうすると、最初の子が泣いても、手のかかる下の子の世話に追われているので、十分に対応できない。だからその子は、何度も泣いて自分の意思を伝えたけれど、母親は応えてくれないのだと知り、もう自分から表現すること、つまりしゃべることをやめてしまっていたのです。

私は、その方に最初のお子さんへの対応をアドバイスしました。

「あなたの膝に座っているお子さんやそばにいるお子さんは、お母さんと一緒で何も寂しくありませんよね。でも、幼稚園に行っている上のお子さんはどれだけ寂しいか、わかりますか？　そのお子さんにとって、弟や妹がいるのは単純に親の事情でしかないのです。それなのに、下の子の世話を優先して、上の子の訴えに応えてあげないことが多かったのではないですか？　そういうことが続くと、子供は自分から母親に言っても駄目なんだと諦めて、一番自分を表現できるはずの『言葉』をやめてしまいます。

今日帰ったら、他のお子さんは放っておいていいから、上のお子さんを力一杯抱きしめてあげて下さい。下の子たちは、どうせ生まれた時から上がいるんだから心配ないの。もう、その上のお子さんにね、『お母さんはあなたが一番可愛いのよ』と言ってあげて下さい」と。

子供の心が病んで症状が出てしまった時、すぐに施設や医療機関へ連れて行くより、親がまず力一杯抱きしめて「愛している」と伝えてあげること。医師やカウンセラーに見せるのは、それからでも決して遅くないはずです。

第2章

傷つけるのも母親
癒すことができるのも母親

悪い言葉のおにぎりと良い言葉のおにぎり

私は、セミナーなどでお話をさせていただく時によく「子供さんが学校から帰ってきてから、ご自分が子供にどんな言葉をかけているかテープレコーダーで録音してみて下さい」と申し上げるのですが、そうすると何がわかると思いますか？

多分、「手を洗いなさい」「宿題しなさい」「早く寝なさい」って、そういう言葉が出てくるのではないでしょうか？　これは会話というより命令です。命令というのは服従を強いるもので、これではコミュニケーションが成立しているとは言えません。

子供に言葉をかけるというのは大切なことですが、言葉の内容も考えたいものです。

言葉には魂が宿ると言われ、日本でも古来から「言霊（ことだま）」の考え方がありますが、言葉に関する興味深い実験についてご紹介したいと思います。

これは、あるお子さんが夏休みの自由研究で行った実験ですが、その研究を思い立ったきっかけは一つのお話でした。

それは、昔ある科学者が悪い言葉を袋に一杯詰め込んで、それを煮つめてできた真っ黒い液体を小動物に注射したところ、その動物が死んでしまったというものでした。

実験は、おにぎりを三個用意するところから始まります。一つには何もせず、一つには良い言葉（きれいね・素敵ね・大好きよ・良かったね・元気でね、など）を、そして残りの一つには悪い言葉（汚ない・馬鹿・殺す・ダメ、など）を、それぞれに朝・昼・晩と三分間ずつ聞かせたそうです。

すると三日目には、悪い言葉をかけたおにぎりにカビが生え、そのまま続けていたらおかゆ状になって溶けてしまったとのこと。

この実験は、おにぎりの数をさらに増やしてデータを取り、群馬大学の理科研究発表会でも披露されました。実験ですから、おにぎりにかけた言葉には何の感情もなかったのですが、それにもかかわらず、こうした結果になったのです。そう考えると、心底憎んで悪い言葉をかけ続けるとどんな恐ろしいことになるか……。

教訓のための寓話に聞こえるかもしれませんが、実はこの実験、私も試したことがあるのです。私も三個のおにぎりを用意しました。煮沸消毒をしたきれいなビンに、清潔な手でにぎったおにぎりを一個ずつ入れ、蓋をして別々の部屋に置きました。

そして、子供を怒りたいと思った時は「悪い言葉のおにぎり」に向かって感情のままに言いたいことを言い、子供をほめたいと思った時は「良い言葉のおにぎり」に、子供に言ってあげたいことを伝える（もちろんこの時は、おにぎりだけでなく子供にも伝えますが）。するとやはり三日目くらいから、悪い言葉をかけたおにぎりは溶け出しました。逆に良い言葉をかけ続けたおにぎりの方は、真っ白いままでカビ一つ生えなかったのです。「ほめて育てる」というのは、「良い言葉をかけ続ける」ことで、精神的にも物理的にも意味のあることなのでしょう。

だからといって、皆様がおにぎりの実験をなさる必要はありません。もう結果はわかっているのですから、どうぞ子供に愛を込めて「良い言葉」をかけてあげて下さい。

問い詰めて問い詰めて、子供を信じられない母親

何気なく言った言葉が子供の心を傷つける……その傷は目には見えませんが、いつかその子供は親を、大人を信じなくなります。そして、親たちが「信じられない」ような行為に及ぶ。胸の痛む悪循環です。

あるお母様が、夜遅くに泣きながら電話をかけてこられました。

「今日、わかったんです。うちの子には盗癖があるのかもしれません。今、息子は中学二年生ですが、実は小学五年生の時からそうじゃないかとは思っていました。その頃から、おつりがなくなったり主人のお財布からお金がなくなっていたんです。その時は聞いても知らないと言っていたんですが、今日、確実に証拠をつかんでわかったんです」と。それは、ご主人が一万円を両替していたのに三千円足りないということで、奥様に「知らないか？」と聞いてきたことが発端でした。

ふっと思い当たったお母様は、息子が学校から帰るのを待って、「ねぇ、知らない？」と聞いてみたそうです。息子は「知らない」と言う。でも、お母様はそれだけで納得がいかないから、「本当に知らないの？」「知っているんでしょう？」と重ねて聞く。息子は「知らない」の一点張り。

でも、お母様の方は問い詰めて問い詰めて、それで最後に息子が「ボクが取った」と答えた。そこまで追い詰めて、お母様としてはわかっていたことなのですが、最終的に子供本人の口から聞かされて、逆上してしまったのですね。

「あなたはどろぼうだ」と責めたわけです。そうして「子供の盗癖は直らないかもしれない。一人っ子で大切に育ててきたのに。私はどうしたらいいんでしょう」と、泣いているのでした。

その話を聞いていて、私はお母様の大きな間違いに気がつきました。

「大変なことをなさったのは、お母様、あなたですよ。あなたは子供を完全に追い詰めて、やっぱりあなたが取ったのだとおっしゃったでしょう。それはつまり、五年生の時からずっとお子さんを疑っていたと子供に伝えたということです。母親からずっと疑われていたなんて。取り返しのつかないことをなさいましたよ」

このお母様は、小学五年生の、最初にお子さんがおつりを取ったかもしれないと思った時に、「ねぇ、取ったでしょ」と言ったそうです。最初のその一言で、「お母さんはあなたを信用していない」ということを言ってしまっているのです。その時に子供はどう思ったか。

「ああ、自分はお母さんに信じてもらってなかったんだ」と思ったのでしょう。だから、どうせ信じてもらっていないんだと思うから、お金を取り続けた。

普段はきちんと学校へ行って、成績も優秀ないいお子さんなのに。でも、信じてもらえないという寂しさをいつも心に抱えていたのでしょう。

「あなたのせいで盗みを続けていた」

　しかし、まだ中学一年生。「まだ間に合います」と申し上げました。今夜、辛い思いをしたけれど、明日、お母様から手をついて「申し訳なかった」と言って息子さんに詫びて下さいと。

「あなたのお子さんは盗癖があるわけじゃない。あなたがそう思っただけです。むしろ、あなたのせいで盗みを続けていたのです。あなたが疑って、あなたが問い詰めて、お子さんが告白したことであなたは勝ち誇って、そうしてお子さんを罪人にしたのです。『もういいの。あなたはどこも悪くないの。信じてあげなかった、許してあげなかったお母さんが悪かったの。ごめんなさい』って、そう言って理解してもらえたら、きっとお子さんは立ち直って、二度と盗みなんかしませんよ」と申しました。

　子供は、その成長の過程で、いろいろなことにトライします。その中には良いことも悪いこともある。何か子供が疑わしい行動をしたからといって、すぐに問い詰めるのではなくて、親の方で「今は様子を見ておこう」「この範囲なら許しておこう」という雅量、つまり、おおらかな度量を持ってあげることも必要です。そして、しばらく時間を置いてから「ねぇ、聞かせてほしいの」と優しく聞いてあげればいいのです。

カッとしそうになったら、お子さんが生まれた時のことを思い出してみるのも良いでしょう。初めて、その小さな命が生まれた時、私たち親はどんなに嬉しかったか。この子を丈夫に育ててあげたい、幸福にしたい。その健やかな成長を期待して、どんなに大切に思ったか。そんな可愛い子供を、信じてあげられないはずはありません。

大人を信じられない子供

さまざまな事情で、親に捨てられたり、育てることができないとして施設に預けられたお子さんがいます。中でも、兄弟がいながら別々の施設に入れられたお子さんは過酷です。一度に、親や兄弟といった絆から二重三重に引き離されるのですから。もちろん、その代わりに施設の職員の方の愛情に恵まれる場合もあるけれど、孤独は何倍にも深まるはずです。そうやって寂しさだけをつのらせて成長し、施設を出たとしても、社会の風当たりは決して温かいとはいえないのが実情です。

冷たい社会の目に晒されて「どうせ自分は」と捨て鉢になり、裏の社会に関わってしまうという例は、たくさんあります。私も、そんなふうに育った人を知っています。

たまたまご紹介いただいて、初めて会った時、彼は「俺は勝手に生きているんだから余計なことをするな」という目で私たちを見ました。自分で自分を守りながら、自分の力で生きることしかできなかった青年です。

「親に捨てられて、社会からも見捨てられている」という意識が根底にあるので、自分が気にいらないと、すぐに警察の世話になるような事件を起こしてしまうのです。絆が断ち切られたことで、感情もすぐに切れてしまうのでしょう。

私は彼に「人が信じられる？」と聞いてみました。しかし「馬鹿らしい」という表情を返されました。言葉になって返ってきたのは、自分がこれまでどんな目にあったか、あるいは騙されたか裏切られたか、という恨みだけです。その話を聞き終えてから、私は彼に言いました。

「世の中にはね、信じていい人もいるのよ。ただ、あなたがこれまであまり巡り会うことができなかっただけで、きっといるの。いずれわかる時が来るから」と。

これまでのボランティア経験の中でも、親に捨てられた孤独な子供さんをケアする機会があったのですが、私が彼らの母親にはなれないのだなと思うことが度々ありました。

お世話しながら一緒に生活していますと、やはり自分の子と同じように何でもしてあげたい。寒ければ温かいものを買ってあげたいし、できる限りのことはしてあげたい。でも子供の方で受け止めることができなくて、「いいのよ。お買いなさい」と言っても、いずれお金は返すから、と必ず言います。愛情を受けることを知らないのです。

世をすねたこの青年も、愛情をまっすぐに受けることができないでいたのでしょう。

人に愛される、人に信じられるためには、自分が許されなければいけなかったのです。誰かが許してあげなければ、信じてもらってると思えない。いつだって何かあれば、すぐに警察が飛んできて、「おまえのせいだ」と言われてきたのです。今まで悲しいことが多すぎたから、信じることができなかっただけ。

誰かが「いいのよ。あなたは悪くない。信じてるからね」と言って許してあげれば、きっと変われるはずなのです。

眼差しが伝えるもの

彼の場合は特殊な環境の中で心を閉ざしたわけですが、それでは、両親がいて普通の家庭に育った子供なら問題ないかというと、そうではありません。ある意味で、そういう普通の環境の中にありながら、人を信じられないようになるお子さんの方が深刻かもしれません。

こうした例では、その原因の九十パーセントが母親にあると言われています。なぜなら、それは、母親が子供を許さないから。親の願っている軌道からちょっとはずれたからといって「それはだめ」「これはだめ」と言うのは、躾とは違います。親が権利をふりかざしているだけです。

子供の目線で子供の土俵に立たないで、「許す」ということをしないでいると、いずれ子供が成長して思春期や反抗期に入った時に、激しい自己主張をするようになります。「もう自分は許されなくてもいい、信じてもらわなくていい」と思っていますから、驚くような行動を起こすことになるのです。

「自分の子供が、信じられないような言葉で口答えをした」と嘆くお母様は、たいてい自分自身が鋭い目で子供を見つめて冷たい言葉で注意してきて、子供のことを心から許していない場合が多いものです。そのことを、子供は敏感に察知します。

人様に迷惑をかけないようにきちんと躾をしたい、という思いから、親はいろいろな注意を与えるけれど、その時子供は言葉なんてたいして聞いていない。実は、目を見ています。

「あ、お母さんの目怖いな、怒ってるな。あの目は、自分を許してないんだな」と。

子供は、私達が思っている以上に、母親の目からいろいろなものを読み取ります。子供に注意する時、自分では「これは躾だ」と思って言っても、実は親の都合の良いように誘導しようとしていることがあるでしょう。その無意識の心理が目に現れて、子供を知らずに傷つけてしまうのです。

このことは私達がボランティアでケアをしていく時にも、常に気をつけなければならないことの一つです。寂しい方や困っている方をケアする時に、同情というのは御法度です。同情すると、その方達はもっと悲しみます。私達にできるのは、そういう方のありのままを受け入れて「あなたはそれでいいんだ」と言ってあげることなのです。

例えば、障害を持っている子供たちはみんなからの同情の目をとても意識します。同情の眼差しで見られるのが一番つらいと言います。自分達は精一杯生きていて、障害のことばかり気にしてる訳じゃない。「これでいいんだ」と思っているのに、同情の目で来られると悲しいと。たしかに単に、同情だけしても、何も始まりません。

無意識の中にある驕《おご》りや自我が目に現れることを、子供たちは知っているのです。

私達が子供を育てていく時に、子供たちの起こした行為や行ったことの経緯にばかり気を取られて一方的に叱るより、一歩立ち止まって「この子は何を訴えたくてこうしたんだろう?」と思いやる方が先だと考えます。では、どうすればそうできるのでしょうか?

今度は、親が子供の目をじっと見てあげるのです。

まず「お母さんはあなたを愛している。許しているのよ」とやさしい目で伝えてから、子供の目をじっと見る。子供は、親から愛してもらっていることを充分に納得します。そうやってかけられた言葉には、子供も耳を傾けます。

どうぞ、お子さんの目をよく見てあげて下さい。目は全てを訴えています。

学校から帰って機嫌が悪くて、何だか乱暴な様子だったら、まず目を見る。悲しそうな目をしていたら、学校で嫌なことがあったのかな、お友達と喧嘩でもしたかな、と思う。

そうすると、今は「勉強しなさい」と言うより「おやつ食べる?」と声をかけた方がいいのかな、ということになる。目を見て判断することで、親も客観的になれるのです。

目を見るのは、子供を許すための知恵でもあります。子供は、許されたと思えば安心します。そして、安心できれば信頼します。そうすると、自分のことを思ってくれていることのお母さんを悲しませてはいけない、心配させてはいけないのだという思いが子供の心に芽生えてくるのです。小さくても、お母さんを庇ってくれたり、お父さんと議論しているときに何だかお母さんの側に立ってくれたり、それは、自分のことを許してくれる大切な人だから、自分でも守ってあげたいと思うわけです。とてもいとしい姿なのですが、それはみな、母親が先に子供を許して安心させていればこその行為なのです。

体罰は愛のムチではない

私は両親から体罰を受けたことが全くありません。ですから私に子供が生まれた時にも、親からは「決して体罰をしないように」と言われたものです。当時、体罰は当然という考え方が主流でしたが、私は親の意志を尊重して体罰をしないで育てました。

息子が一歳を少し過ぎたくらいの時に、何人かのお母様方と子供連れで遊ばせる機会があったのですが、その時は他の方達に私のやり方を批判されました。

その頃の赤ちゃんはじっとしていませんし、好奇心もあっていろいろと困ったことに手を出すもの。私は、息子が手を出しそうになると傍らに寄って行き、子供の目をじっと見て、両手を握って、「ねぇ。そういうことやったらいけないのよ」と言い聞かせました。

息子はまだしゃべれませんから、黙って私の目をじっと見ておりました。重ねて「わかる？　いけないことなの。だからやめてね」と言いました。この様子を見ていた他のお母様は「言ってもまだわからないのに、なぜそんなことするの？」「ピシャッと叩けば一度で終わることじゃない」とおっしゃるのです。ところが、息子は二度とやらなかった……。

娘の時にもありました。小学校に入ってしばらくして、先生から電話をいただいたのです。

「お宅はどういう教育をしていらっしゃるんですか？」と。

先生が何か言ってポンとちょっと触れたのを、叩かれたように感じたのか、娘は泣き出してしまったというのです。これにはちょっと困りましたが、それでも私は体罰をしておくべきだったとは思いませんでした。

子供というのは親をよく見ていますから、簡単に子供を叩いていれば叩くことが当り前になり、いつも怒鳴っていれば怒鳴ることが当り前になり、嘘をつけば嘘をつくことが当り前になります。

一番身近にいる親、特に母親が何をしているかが、子供の価値観を左右するのです。小さい時にインプットされた記憶は、必ず子供の心の中に蓄積されます。そう思えば、何でもすぐに手をあげるということはできないでしょう?

子供は別に親を選んで生まれたわけではないのに、生まれてきてみたらこのお母さんがいた、ということです。「あっちのお母さんは優しそうだから」なんて思っても、変われないのです。一生この縁はつながっていくもの。子供の言ってくることに対して感情のままに怒ったり、子供の行為に短絡的に手をあげたりと、その場かぎりの対応を続けていいわけがありません。しかし、悲しいことに、実際にこういう親は増えているようです。

少年犯罪で、子供が「キレる」と言いますが、今、お母さんの方が「キレかかっている」ということが多いのではないでしょうか?

お母さんは、食べたいものを食べています。それは外食だったり、出来合いのコンビニエンス食品だったりする。その中には、流通して日持ちを良くするために多くの添加物が含まれている可能性が高いわけです。そういうものを食べて、さらに煙草でニコチンを摂取する、カフェインの刺激、アルコールの刺激……こんな状態では、子供を深く観察して大人の知恵で導いていく前に、お母さん自身がキレてしまうかもしれません。

外食や嗜好品を全て否定しているわけではないのですが、厚生省の調査でも、最近こういう生活スタイルのお母さんが増えていることがわかっています。少し立ち止まって、考えていただきたい問題です。

子供が小さいうちは言ってもわからないから叩く、という方がありますが、叩かれたことの意味がわからなければ、一時的に行為を中断させるだけとも言えます。

今日からでも、どうぞ体罰はやめていただきたい。私は、子供を叩くことには何の益もないと思っています。

子供を愛せない母親

私達が何か問題の解決をお手伝いしようとする時、まずは母親が子供を愛しているという大前提があって、全てはそこから始まります。

しかし、最近では「子供が愛せない」という悩みを寄せてくる方が増えてきました。

例えば、ご主人の転勤でオーストラリアから帰ってこられたばかりの方が、どうしても上の子を愛せないとおっしゃる。ちょうど下のお子さんが生まれたばかりの頃、上の女の子が目にあまる行動ばかり始めたというのです。赤ちゃんの世話をしている間に絨毯の上にウンチをして、その上で遊んだり……。

それを見てカッとして、手を引っぱってお風呂場へ連れて行って、怖くて震えているお嬢さんに向かってものすごく怒鳴ったそうです。その時「下の子はこんなに可愛いのに、なぜこの子は可愛くないんだろう」と本気でそう思ったと。

そうしたらその日から、このお子さんは挙動がおかしくなってしまったといいます。突然ハサミを持ち出しては、カーテンを切ったり下のお子さんの洋服を切ったりするようになったのでした。それがずっと続いているというのです。

お母様の方は、そんな様子を見て「ああ、この子は私が怒って折檻《せっかん》したから、こうして私を困らせているのだわ。ひどく怒りすぎて悪かったかしら」という気持ちにもなり、あの日のことを詫びようとも思うのですが、同時に「なぜいつまでも私のことを責めるのよ」という怒りが湧いてきて、どうしても詫びることができない。その繰り返しの中で、子供を愛せない自分にも腹が立つわけです。

この方は、「自分は変わりたいんです」と言って泣かれました。

あんなに怖いと言って震えていた小さな娘を、許さなかった私は何てひどい母親だろう。あの時、自分でもなぜこんなにまで怒っているのかわからなくて、娘に悪いとは思いながらも顔を見ればふと「憎い」という気持ちが起こってしまう。私の精神は異常じゃないかと苦しんでいました。

私は「大丈夫。あなたは精神異常なんかじゃない。きっと変われますよ」と申し上げました。そして、変わることができれば解決できないことなど何一つないと。

気づけばいいのです。腹で、おなかの中で気づく。

頭でわかってるだけではなくて、本当に子供を傷つけてしまったということに気づく。

人間は楽しいことの方が忘れないと言いますが、子供が悲しい思いをした時は、表面上忘れたようにしていても心の底の方ではしっかりインプットされているものです。しかし母親が気づいて、そして心の底から詫びることができれば、その悲しみは癒され、忘れることができるのです。

それは、子供が何歳であろうと大切なことです。もう三十だから四十だから、「成人して家庭を持っているのだから時効」なんていうことはありません。どこかで親を許さないまま生きているのです。大人だからそれなりに消化しているはず、と考えるのは親の都合なのです。

もし、どこかで「あの時は悪いことをしたな」と思い当たることがあれば、今すぐにでも子供に詫びて、その悲しみから解き放ってあげて下さい。

前に申し上げた、ご相談に見えた方も、自分だけが異常ではないのだと気を取り直し、お子さんに対して変わる努力をして下さいました。多分この方は、慣れない異郷の地で子育てに追われ、精神的に疲れておられたこともあったのでしょう。日本へ戻って自分を取り戻し、時間をかけて子供に接していく中で、お子さんの行動もおさまったそうです。

子供を愛せないことで自分に苛立ち、その苛立ちをお子さんに向けていたのでは、いつまでたっても事態は変わりません。子供を愛することのできない自分の状態を受け入れ、そのことで子供を傷つけていると気づいたら心から詫びる。そうして、少しずつでも子供に笑顔が戻ってきたら、きっとお母様自身も変われるはずです。

詫びること。さらに大切なのは愛を芽生えさせること。

できれば、ご自分の愛の心をもっと強く作ることです。自分で生んだ子供に、わかってもらえないはずはありません。

愛を伝えること、それは母親の権利だと私は思っております。

子供が見つめているのは、母親の愛情だけ

戦後、日本の思想は、多くをアメリカに学びました。そのせいもあって、アメリカで起きた問題はいつか必ず日本でも問題になるようです。離婚率の増加や少年犯罪の凶悪化など、私達が思いつくだけでもいろいろな出来事が、アメリカの後を追って起きています。

ただ、日本の場合は銃などが規制されていることもありますし、法律も違いますから、一口に少年犯罪と言っても同様ではありませんが、問題を起こしている子供の心理はほとんど同じだと思います。少年が銃を乱射する事件など日本では起こり得ないかもしれませんが、根本の子供の心理を思えば決して人ごとではすまされません。

今、私達が相談を受けている子供の問題でも、医療の関与が大変多くなってきている中で、特に精神疾患はここ数年増加を続けています。

うちの子が、ある日突然友達と遊ばなくなった、家から出なくなった、親と口をきかな

くなった、最初は、「こういう年頃なんだ」と放っておいたのが、だんだん長引いて、やがて子供は完全に自分の世界に閉じ籠り、誰も寄せつけなくなる……。こういうことが増えています。

親は、子供に「こう育てたい」「こう成長してほしい」と、自分の考えるレールを歩ませるように仕向けていきます。それはもちろん、子供の幸せを願って、良かれと思ってレールを敷いているのですが、子供がそのレールから外れて自由になろうとすると、親の方でどうしたら良いかわからなくなるのです。

そういった母親が、カウンセリングを受けていろいろな話を聞くと「ああ、こういうことは世の中によくあることなんだ」ということになります。

アメリカの精神医学界では、子供の教育の九十%は母親の責任と言われています。子供が神経内科や精神科に連れていかれると、ほとんどの医師は、症状そのものよりも、その子供が育てられた環境と親との関わり方を一番重視します。欧米では、子供が精神疾患になった場合には、家族、特に母親と一緒に入院させて母子同時にケアするということがよくあります。日本ではほとんど見られないことです。

母親と一緒に入院させて、母親を教育しながら子供を治療していくのです。なぜかというと、母親はほとんど気づいていないから。

自分がどういう言葉を使って子供に注意しているか、子供にどんな関わり方をしているか、自分の願っている幸福が子供にとって本当に正しいものか?

ほとんどが母親の「欲求」でしかなくて、子供のレベルで考えていないことが多いのです。たとえば子供が二人、三人といた時に、一人ずつの子供の状態や資質を観察するより先に、上の子は何歳でこれができたから次もできて当り前、何歳になったらこれがわかるはず、他の皆が塾に行ってるから、何かを習ってるから、ああしなさい、こうしなさい、ではないでしょうか。

親というのは、実は自分達が育ってきた環境を基準にして、本当に狭い視野で子供を見ています。しかし、子供を取り巻く環境は、すさまじい早さで変化しているのです。そのギャップに、ほとんどの親が気づかないまま、子供にあれこれ言っているのです。

子供を取り巻く社会の変化を顧みることなく、自分の欲求だけを伝えて過ごすうちに、子供が思いもかけない反応を見せるということになります。ですから「子供が突然こう言った。突然こうなった」と慌てるわけです。本当は単純な反応の違いだけであって、精神の病気とは違うかもしれないのに。

子供が見つめているのはいつも〝お母さんが自分を愛してくれているかどうか〟だけ。それなのに、親の方が「さぁ、この子はちょっとおかしいから精神科に診せに行こう」と、すぐに子供を病院へ連れて行く。これでは完全に失敗します。子供は「ああ、お母さんは自分をおかしいと思っているんだ」と感じてしまいます。

子供は母親の愛情を求めているのに、自分の子供の問題を他人に委ねてしまうわけですから、子供にとってこれほど悲しいことはないでしょう。

問題は、子供との関わり方を知らない母親の方にあるのです。こういうことから、私達もケアをする時は、母子一緒にと考え、実行しているのです。

お母さんの発する言葉や見つめる目から、子供が本当に愛情を感じられると確信すれば、精神疾患はかならず症状が緩和します。母原病は、母治病でもあるのですから。

「この子が一番可愛いんです」

私の家の近くに福祉会館があり、毎日のようにその前を通るのですが、そこではたくさんのダウン症のお子さんをケアしています。私自身も、これまで障害児のケアに多く関わってきたので、両親や施設職員の方などの大変さはよくわかります。

ダウン症の子供さんは生命力が弱く、心臓疾患を持って生まれてくることも多いので、なおさら心配も大きいのです。

そんなお子さんの障害を初めて知った時、たいていのお母様は泣くものです。「どうして、うちの子供が！」と両親はこの「不幸」を嘆くのです。

しかし、私はそういうお子さんを何人も見てきて、どんなに両親が嘆き悲しんでいても、なぜかどのお子さんもいつも本当に楽しそうにしていることに気づきました。

障害のあるお子さんというのは、いつも親や付き添いの方が一緒にいてお世話をしているのですが、子供自身は皆とても幸せそうにしているのです。例えば、少し遅れたのか親に手を引かれて連れてこられた子供など、せかされていても、楽しそうに歩いている。つまり、そのお子さんは、自分では「不幸」だなんて思っていないのです。

それでも、虚弱であるというのは事実なので、死に直面することは他のお子さんよりずっと早く、それも高い確率でやってきます。そうすると、入院するということになります。こんな時に「何とかしてほしい」と言われますが、私は医者ではありませんので、何もして差し上げられない。ご両親の思いを聞いてあげるだけです。

親の皆さんは、障害を持って生まれたと知った時は「どうして我が子だけがこんな目にあわなければならないのか、なぜこんなふうに生まれてしまったのか」と嘆きの言葉ばかりだったのに、いざ失うとなると「あと二日、いや一日でも長く命を延ばせないものか」と思い、「自分は本当にこの子を幸せにしてあげられただろうか」と自分を問うのです。

そうして最期の時が迫った我が子を前にして、ほとんどの親が「この子が一番可愛いんです」とおっしゃいます。

そんな時、私は「そうですね。ダウン症のお子さんはエンジェルですからね」と言うのです。

障害を持ったお子さん達を見ていて、「やっぱり神様って公平なのかしら」と思えることがいろいろあります。障害のおかげで、彼らがとても幸せでいられるということが本当にあるのです。

例えば、障害児をお持ちの方達は子供に過分な期待を寄せて、プレッシャーをかけることはありません。そして、大人の側からではなく、なるべく子供の土俵に立とうとします。

実際、障害を持って生まれた子供に対して、母親というのは、自分を責めがちです。「私のせいでこの子はこうなったのではないかしら」と。ですから、最初の段階で子供に対して引く姿勢ができる。そして、子供に対して非常に謙虚でいられるわけです。

さらに、障害のある子供を持つことで、人に比べて自分はちょっと「幸福ではない」と思っている方が多い。

そうすると「五体満足で、何の障害もなく、きちんと教育をうけて洋々と成長する子供がいる」ということと比べて、大きなデメリットを抱えたように思える。そして一歩引いて生きることになります。母親が子供に対して「すまない」と思いながら……。

でも、そこが素晴らしいのです。そこから出発するわけですから、決して子供に過分なことは言いませんし、要求もしません。だから子供が幸福でいられるのです。

一般に親たちは「隣の○○ちゃんはこうしているのに」「クラスの○○君はそうしているのに」と折々に誰かと比較しがちで、子供たちはとても切ない思いをしているものです。

しかし障害のある子供は、比較されることもなく、要求されることもなく、愛情だけを信じて生きていられる、という幸福があります。母親の愛情を、より深く感じることができる幸福。

もう一つ、障害のあるお子さんには「反抗期」がほとんどありません。生まれつき言葉が出ない、言葉が理解できない、といったようなお子さんをお持ちの方にとって、思春期特有の親の悩みなど、全く関係のない世界なのです。

世の中は、だから公平とも言えるのではないでしょうか？

何よりまず愛情が成立した

大変なベストセラーとなった乙武洋匡さんの『五体不満足』という本、お読みになった方も多いと思います。私も読みましたが、とても学ぶところの多い内容でした。

一番素晴らしいと感じたのは、乙武さんのお母様が初めて彼に会う場面です。

周囲は、四肢が欠損した状態で生まれてきた子供を、なかなか母親に会わせられなかった。それは、母親のショックを思えば当然でしょう。ところが、最初に我が子の姿を見た母親は「なんて可愛いの」と喜びの言葉を口にしたのです。この時に、何よりまず愛情が成立した。これは素晴らしいことですし、また希有なことでもあります。

普通、自分の子供が障害を持って生まれてきたと知った時には、たいていの親が泣き崩れたり、「もう死にたい」などとひどく悲観するものです。そんな姿に接すると、第三者としてご一緒する場合、どんな言葉をかけてあげたらいいのかわからない。どうしても、その方と同じ土俵には立てないのですから、慰めの言葉もかえって失礼だったりします。

母親というのは、子育てのどの段階においても、自分の子供に責任を持って接していかなければいけないものです。そう考えると、泣いているお母様には「泣いている場合じゃないでしょう」と言うべきなのかもしれません。しかし、もし自分がその立場に立ったとしたら、泣かずに、乙武さんのお母様のように喜びの言葉だけを口にすることができるでしょうか。

さらに、乙武さんが大きくなってからも、ご両親の見事な対応は続きます。

ある時、友人達と旅行を計画した乙武少年は、お母様に相談をします。不自由な体で大丈夫か、親は付き添わなくていいのか……あれこれ心配をかけることを承知の上で、思いきって切り出したのですが、お母様の反応はあっさりしたものでした。

「お友達と旅行に行くの。あっ、そう。じゃあ早めに計画して教えてね。その時は、私もお父さんと旅行したいから」

このご両親は、彼が生まれた時から本物の愛情というものをわかっておられたのでしょう。いずれ、親の方が先に死んでいく。そうしたら、一人で立てる人間にしなくては。何事も一人で判断して、一人でお金の使い方を考えて、転んだら一人で立てる力がなくては、そのためには、早くから自立の応援をしなくては……ということを。

ご両親の深い愛情に支えられて、今、彼が立派に活躍していることは皆さんもご存じだと思います。彼の真直ぐな成長ぶりは素晴らしいけれども、私は何より、ご両親の本物の愛情を称賛したい。全てが、深い愛情から出た言葉や行動なので、間違いがないのです。

あの本がベストセラーになったのは、乙武さんの前向きな明るい性格もさることながら、あの中にたくさん、父親の在り方や母親の在り方が描かれていたからではないでしょうか。

彼は不自由な体ではあるけれど、そのことで寂しさは感じていません。いつでも、彼を愛し、彼の存在を認め、彼に応えて、自立を促してくれる家庭があったからです。彼がのびのびと育つことのできる環境があったのです。

このことは、障害を持つ子供の親に限らず、とても大切なことです。

子供というのは、皆「勝負は先」なのです。「今」ではない。

私は、ケアにあたる障害児のお母さんにも、いつも「勝負は先です」と申します。目の前の子供が身体障害だ、知的障害だといっても、今が全てではない。この先子供が成長した時に、どれだけ社会の中で自立できるか、を考えてあげなければいけない。そのために家庭でできること、親のできることを考える。それが家庭の役割ではないでしょうか。

第3章

愛することと
詫びること

子供の声に耳を傾けて

地方に行きました時、娘さんのことを相談に来られた方がありました。

そのお母様は保母さんで、自分の子供は四月に小学校にあがったところだけれど、五月に入ってから学校を休んで困っているということでした。

「最初はお腹が痛いと言っていたのですが、どうやら背中も痛いらしいんです」

体の不調ということで、最初は医学的なカウンセリングから入りました。

医者に行ってもこれといった病気が認められず、かといって、自分も保母の仕事を何日も休んでいられないというわけです。働く母親にとっては切実な問題でした。

私はそのお子さんを見ていて、「ねぇ、一番好きな子は何ていうの?」と聞きました。

そうしたら「キヨシ君」と言うのです。「じゃあキヨシ君と一番仲良しなのね」と言うと「うーん」と考えこむ。「でも、お休みしてたら、その子も寂しいよね?」と言うとまた「うーん」という返事。お母様に聞いたら、家が近所なので毎日そのキヨシ君と一緒に学校へ行っていたそうです。何か、その子の言いたいことは他にあるようでした。

「そう。あのね、四月から学校が始まったけれど、大嫌いなお友達もいるんじゃない？」と聞くと、「うん」とハッキリうなずきました。そこで「だぁれ？」と聞くと、「ハジメ君！」と言うのです。「ハジメ君っていじめるでしょ？」「うん。背中をたたくの」「毎日たたくの？」「うん」「いやよねぇ、その子」「うん」「先生に言わないの？」「うん」。

私が「ねぇ、ハジメ君のことやっつけちゃおうか？　お母さんが学校に行って、『ハジメ君を許さないんだからね』って言っちゃおうか？」と言うと、それまでうつむいていたのが急に「うん！」と顔を輝かせたのです。さらに「じゃ、やっつけちゃうんだから、明日は学校に行こう」と言ったら、その子は嬉しそうにうなずいたのでした。

私はお母様に「今晩、学校に電話して下さい。これは過保護でも何でもないんです。お子さんが、この先、友達社会で生きていく上で大事なことなのですから」と申しました。

このお母様は保母としてのキャリアも充分にお持ちで、たくさんの子供を見て扱ってこられた。そして、キャリアを十分に積んで、ご自分も結婚・出産と経験なさった。子供達を見てこられたから、ご自身の教育方針にも自信があった。でも、これまで見てきた子供への接し方だけでは、我が子に通用しなかったわけです。

保母としての仕事、帰ってからの家事、雑事……。子供さんといつも対話していれば何なくわかったはずのことを聞き出すことができなかった。忙しい母親に、子供は一番聞いてほしいことを言えなかったのです。

お母さんが家事をしている時に、「ねぇねぇ」と話しかけたのです。何か話したいことがある、お母さんに聞いてほしいことがあったのです。でも、忙しいお母さんは手を休めるわけにいかないから、つい「ちょっと待ってね」と言ってしまった。それが二度三度重なったのでしょう。

人間の脳の神経回路は、三回同じことを聞くとインプットされるそうですから、子供さんの脳には「お母さんは自分の言うことを聞いてくれない」ということがインプットされることになります。母親の方では、まさかそんな情報がインプットされているとは思わないから、子供が大切なことを話さないまま、事態が悪化してしまうことがあるのです。

前の例のように、よく、小さい兄弟に手がかかる時のお兄ちゃんやお姉ちゃんでそういうことが起きますが、何も兄弟のせいばかりではなく、一人っ子の場合にもこの事態は起こるのです。

四月のある日から五月のこの時まで、お子さんは毎日背中を叩かれていた。それで、学校へ行きたくなくて最初は「お腹が痛い」と言って欠席する。そのうちに「背中が痛い」

と言って欠席する。お母様は子供の訴える体の異常だけを聞いて、医療関与で解決しようとする。このまま、心の痛みに気づかなければ、登校拒否になっていたかもしれません。

私は、これまでのケア活動の中で同じような事例を思い出して、気づいたわけですが、こういった過ちは決して他人事ではありません。私も一人の母親として、間違えたかもしれないことなのです。

子供の声に耳を傾けて「いつでもお母さんは自分の話を受け入れてくれるんだ」という信頼の土壌ができれば、子供も安心して話しますから、本質を見失うような事態にはならないはずです。

子供が言いたいこと、聞いてほしいことに耳を傾けていますか?

愛のある、優しい心と知恵で受け止めながら。

子供の住む友達社会

小学校一年生という、子供が家族から一歩離れて歩き出したところで、友達との関係づくりに悩む……、というのはこの時期に起こりがちな問題です。

子供が成長する上で、親の愛情はもちろん大切ですが、育つ過程では「友達社会」にうまく帰すことも必要です。子供は友達から実に多くのことを学びます。ですから、小さいうちにその社会に入っていけないことを子供が訴えたら、お母さんは客観的に判断して、どうぞ学校に相談なさって下さい。

一年生の担任になる教師というのは、たいてい経験豊富なベテランの先生が多いのですが、それは、学校生活を初めて体験する子供たちや親達が不安にならないための配慮です。おかしいと思ったら子供に聞く、学校に聞く。これは過保護とは違います。

例えばフランスのように個人主義の国でも、自分の子供がいじめられているとわかれば母親が学校に乗り込んで「誰がいじめたの？　私が許さないわよ」と詰め寄る。これは、子供を守るための行為なのです。

日本では「子供の喧嘩に親がでてくるのは過保護だ」という考え方がありますが、誰かにいじめられたことで我が子がストレスをつのらせて自殺寸前などという時に、親が放っておいては、すまされないでしょう？　実際に、そうした問題があちこちで起きているのです。

現代の子供社会というのは、私達が考えているよりずっと過酷なものです。親は自分が経てきた年月と、そして今があるから、自分は全てをわかっていると錯覚しています。いま子供の立っている土俵と親の子供時代の土俵は同じではないことを認識して下さい。

子供の社会では、自分だけが注目されたい、自分だけが可愛い、自分が一番大事という部分がむきだしの欲求となって、このことを中心に物事が回転していきます。そして今はその傾向が特に顕著に現れています。私は好きな言葉ではないのですが、学級崩壊などと言われている状況は、まさに最たるものかもしれません。その中で、生きていくためのストレスは、どのお子さんにとっても大変なものでしょう。いじめの問題にしても、親の世代が考えもつかないような陰湿な形になってきていることは、幾多の事件などからおわかりいただけると思います。

「私達が子供の頃はこうだった」と言って親の都合で躾をするだけではなく、いま子供たちが置かれている土俵へ降りていって、友達社会のもたらすストレス、という現実があることを客観的に把握してあげて下さい。

「何があっても守ってあげるから」

いじめの問題については、私も多くのカウンセリングをいたしました。お母様達は真剣で、「もしかしたら自殺してしまうのではないか」という心配の声も聞きました。

いじめの問題で大切なことは、子供の最初の異常に早く気づくことだと言われています。前出の子供さんの例のように「お腹が痛いから学校に行かない」と言い出すのはよくあることです。それが最初の一日です。この時、きちんと子供の目を見て「どうして行かないの?」と優しく話を聞いてあげる。この状況が長引くか収まるかは、最初の一日に親が気づくかどうかにかかっていると言っても過言ではないのです。

子供の異常に気づいたら、ご両親で相談して、すぐに学校へ連絡し、きちんとした対応をお願いすることが大切です。

学級担任の先生へ、それでも駄目なら教頭先生、校長先生と、一人で抱え込まずに学校の問題として取り上げていただけるように行動すべきだと思います。

この時に、ご夫婦で学校へ出向き、自分達は夫婦揃ってこの問題に正面から向き合っている、と学校側に示す姿勢も大事です。この姿勢は、子供にも伝わります。

私自身、子供に対して「どんなことがあっても、必ず守ってあげる」と言ってきました。実際には、親や先生の目の届かない所でいじめが起こったりして、子供を守りきるというのはなかなか難しいことですが、しかし、親が必ず守ってあげるという姿勢を子供に示すのは、子供にとって大きな支えになるはずです。

親が子供を守るという例で、「エジソンの母の話」というのをご存じでしょうか？

エジソンは子供の頃、学校でひどい落ちこぼれの生徒だったそうです。計算もできないし綴り方もうまくできない。先生や友達からも「あいつは駄目だ」と言われていたのに、母親だけは息子のことを信じて、他人の中傷から息子を守ったのです。この母親に励まされてエジソンは独自の発想を活かし、後に発明王として認められる人物になりました。

私はこの話を子供たちに聞かせ「私もエジソンのお母さんのようになってあげるわね」と口癖のように言ったものです。

子供はお母さんが信じてくれていることに対して、応えようと努力する。その良い例がエジソンなのです。ですから、子供が問題に直面した時には、叱咤激励するばかりでなく「あなたを信じている。何かあれば必ず守ってあげる」と言って、子供と同じ土俵に立ち一緒に問題に直面できる母親になっていただきたいと思います。

何かあってもきっとお母さんが一緒になって、味方になってくれるのだと思うことができれば、子供は安心して自分達の社会でも伸び伸びと生きていけるのですから。

反抗期は子供の心を知るチャンス

私も反抗期の娘に反省させられたと書きましたが、どこの親でも「あんなにいい子だったのに、なぜ?」という思いが先に立って、自分の問題として捉えるのは難しいことだと思います。私もショックが先にありました。

反抗期に突然子供が変わってしまう。その変化の現れ方は一人一人違います。

原因というのはいろいろにあると思いますが、反抗期の子供というのは、親、特に母親を見る目が「許していない」目になっています。それは母親の発する言葉であったり態度であったり、これまでの生活の中で積み重ねられたものに対して、はっきり「ノー」と言える年齢に達したということなのです。気にいらないことは気にいらないと言う、怒りたいと思えば怒る、暴れたいほどの思いは暴れて表現する、これが反抗期だと思います。

ここで初めて母親は立ち止まる。「自分は今まで、この子のことを考えて育ててきたのに」と。しかしそれは子供にとって、母親が「こうあってほしい」「こうなってほしい」という要求を押し付けていただけ、としか感じられなかったのかもしれないのです。

この時期は、親が子育てを振り返る良いチャンスでもあるのです。

親は、育てた立場から、子供のことを全てわかっていると思い込んでいます。特に母親は、自分のお腹を痛めたという実感から、そう思いがちです。

一方、子供の方では、今の風潮や時代の流れの中に浸った状態で育っていますから、自分たちの世界は親にはわからない、と思っています。

このように、両者の間には大きなギャップがあるのだということを、まず認識しなければなりません。しかしギャップはあっても、子供の心は「親に自分をわかってもらいたい」と思っているはずです。ではなぜ、子供がつっけんどんな態度に出るのでしょうか？

それは、親が子供の高さでものを見るのではなく、「親」の立場でしか考えないために、子供の方が諦めて、親と距離を置こうとしているのです。

心配することと、愛することは違います。もちろん、愛しているから心配もするのですが、相手が愛されていると感じなければ、その愛情は無いに等しいのです。

子供の受け答えに振り回される前に、自分自身が子供を愛していることをきちんと伝え、子供との距離を縮めることの方をお考えになってください。子供が、母親の愛を肌でしっかりと感じ取れれば、きっと変わってくるはずです。

母親を観察している子供の目

今の子供は精神年齢が高くなって、反抗期はだいたい中学に入ってから二年間くらいですが、女の子に関しては男の子より早熟な分、もっと早くから始まるようですね。

この時期は子供の問題がいろいろと浮上してくる時期と重なるものですが、今は家庭の中で解決できないということが増えています。

私も、ケア活動の中で精神科のお医者さまとご一緒する機会がよくあるのですが、最近は医療関与しなければいけないような子供のケースが目につきます。アメリカのように銃の乱射はありませんが、ナイフなど他の凶器を使ってとんでもない行動に走るところまでいくことがあります。

そういう時、親はどうしていいかわからなくなります。単なる反抗期という言葉ではすまされない所までできてしまって、親の責任が大きく問われる時です。反抗期に入るまでの長い間、子供は親を実によく観察しています。

先日も新聞紙上にアンケートの結果が掲載されていたのですが、「親について子供が嫌いなこと」として「電話で話している内容」「外で挨拶をする時の言葉」「お母さんがお父さんと話している内容」「自分達に言う愚痴」「寝なさい」「勉強しなさい」などがありました。

母親が見ているテレビの内容から何気なく口にする愚痴まで、子供は全部見ているのですね。そして、お母さんが一番に価値を置いていることは何か、大切だと感じていることは何か、を知り、それが子供の価値観になっていくわけです。

母親が家庭のなかで言っていることとやしていることを、子供がどこかで納得できるようにしなければいけないというのは、そのためです。

自分の血が流れている――自分の育てた子供なのだから、信じよう

今、年頃のお子さんを持つ親たちの間でも一番対処に困るのが、携帯電話のこと。これ

に関しては、親世代にとっても初めて直面することです。何より前例がないのですから。

先日も、携帯電話を持たせたら子供の友達関係がまったくわからなくなった、という声を聞きました。その方は、家庭の電話には全然登場しなかった子供の名前が、よそのお母さんの口から出て、そこで自分の子供と仲良くしていることが初めてわかったそうです。この方のお子さんは、高校一年生ということでしたが、親としては心配でしょう。

このような相談は折々に受けるようになってきましたが、時代の流れは止めるわけにはいきません。止めるどころか、この傾向はもっとこの先広がっていくはずです。

こうなってきますと「親が子供を信じる」という部分が、これまで以上に大切になってくると思います。今までの、親が知らないことは許せない、という感覚から抜け出して、親の方でも変化を受け入れる覚悟が必要かもしれません。

「自分の血が流れている、自分の育てた子供なんだから、自分の子供なんだから信じよう」という考え方です。

もし親が子供を信じられなくなって、そのことに子供が気づいた時というのは、取り返しのつかないほどの傷となることがあります。お子さんが親の財布からお金をとっていたという話を前にご紹介しましたが、あの時も一番問題だったのは、盗みそのものよりも親が子供をずっと疑っていたと、子供に気づかせたことでした。お金に関することは、特にデリケートなものですから、気をつけたいところです。

一つの例ですが、わが家では、お金に関して子供たちと一つの決めごとをしていました。子供たちが小学生の頃、学校（私立）で金額が決まっているお小遣いとは別に「お金の引き出し」を用意したのです。時折、ボランティアなどで家を空ける日のため、「もしも私がいない時に急にお金が必要になったら、自由にそこからお金を使いなさい」と伝えていました。

小学生の頃には十円玉をたくさん入れておき、中学生になったら百円玉を増やし、大学生になった今ではお札を入れています。これはどういうことかと申しますと、親が子供を信用して〝家のお金の一部〟について管理を任せているわけです。「あなた達を信じているわよ」と口で言うより、信用していることを具体的に示したいと思ったのです。

子供が成長して親の目が届かなくなった時、本当に「自分は親から信じられている」と確信できる子供は、親を悲しませることはしないはずですから。

「お母さんはいつでもあなたの味方なのよ」

思春期に親の目の届かない所で子供が道を間違えると、「非行に走った」と言われます。この「非行」という言葉も「反抗期」という言葉と同様に、とても冷たい言葉だと思いませんか？

あるセミナーで「なぜ子供が非行に走るのか、というテーマで話してください」と言われたのですが、私はとても胸が痛みました。

実際に私の所へも「うちの子が非行に走った」という相談がよくあります。そして、大半のお母様は、ご近所の目を気にしたり、学校にどうやって謝ろうかというような心配をなさいます。子供が非行に走ったことで一番困るのは、ご近所でも学校でもありません。誰が一番困るかと言えば親なのです。

では、非行と言われる行為に至るほど追い詰められ、苦しんだのは誰か？　子供自身です。追い詰めたのは、親。とすれば、反省すべきは親ということになるはずです。

先日も、ある方のお子さんがスーパーで盗みをはたらいて警察署へ連れて行かれたそうです。その日は、学校帰りに友達数人と集団で万引きしていたため、交番では済まされず、警察署まで行くことになったとか。連絡を受けて母親が迎えに行きましたが、調書を取るのに手間取り、やっと帰宅を許された時には夜の十一時を過ぎていたと言います。

顔と顔を合わせても、その子は何一つ語ろうとせず、夕食抜きで調書を取られていたのだからお腹がすいていただろうに何も食べず、そして次の日から登校拒否になってしまったのです、と言います。

そのお母様は状況を説明なさった後で「どうしたらいいんですか？」と聞かれました。「うちの子は、私達が夜中に迎えに行っても感謝の言葉もない。親に迷惑をかけたのに詫びもしない。一体どうしたらいいんですか？」と、お母様が悩んでいらっしゃったのは、息子さんの親に対する行動についてだったのです。

店の物を盗むのは悪いことです。ちょっと魔がさした、と言っても許される行為ではありません。子供自身も、そのことは百も承知です。

けれども、初めて友人達と罪を犯して、初めて警察署に連れて行かれた。周囲を警察官に取り囲まれて調書を取られた。夜遅くにやっと帰宅を許されて親の顔を見た時、その子供はまず安堵したかったはずです。

ところがそのお母様は、子供の気持ちを受け止めるより先に「こんなことして、明日からどうするのよ。学校の先生やクラスの父兄やご近所や、みんなに何を言われるかわかっているの?」などと責めてしまったのでした。

どうしてそこで「怖かったでしょう。心細かったでしょう」と優しい言葉をかけてあげなかったのか。やっと解放されて、親の顔を見てホッとしたい時に、否定される辛さ。これでは子供が口をきかなくなるのも当然と言えば当然です。

母親には、常に子供を信じて守っていく義務があります。外から批判されたら、子供を守りながら、一緒に責められる義務があるのです。そうして「お母さんはいつでもあなたの味方なのよ」と、身をもって伝え続ける。子供のあるがままの姿を受け入れ、全てを許すことが、逆に子供の善性を引き出し、立ち直らせ、ひいては社会に詫びることになるのです。

子供に心から詫びて下さい

私はそのお母様に「今からでも遅くはないから、どうぞあの日のことをお子さんに詫びてあげて下さい」と言いました。詫びたら、お子さんは二度とやらないはずだと。ものを取るという行為は、どなたかに迷惑をかけたわけだから、それは子供自身の罪ということになります。しかし、その子供をそこまでに走らせた、悪いことをはけ口にしなければならなかった責任は、親の方にもあるのです。お母様自身が変わって下さい、と。

警察から引き渡された子供さんを、気遣うより先に責めたと聞いた時は、「この方には何を言っても無理かもしれない」と思ったのですが、私をじっと見ておられるので、「学校に行っていないのだから、お子さんはお家にいますね？　それなら、今日お帰りになる時に好きな物でも買ってあげて、本当にごめんなさいねって、私も悪かったわねって、心から伝えてあげて下さい」と申しました。この方の場合は、これで解決したそうです。

子供は責められたことで「自分は愛されている」とは感じなくなっています。親がいくら「この子のために」「この子を思って」と言っても、子供が愛されていると感じなければ、愛情は成立しないものです。この場合、親と子の心のギャップを埋めるのは、やはり愛情でしかない。

愛をしっかりと受け止めた瞬間から子供は変わります。

罪を犯してまではけ口を求めようとする子供……そこへ至らせたのは何か、それを思い止まらせるものは何か。ここでも「愛情」がキーワードなのです。

ある年齢になったら、子供は反抗もしますし、良いことも悪いことも含めて新しいことに挑戦します。その折々に自分自身で体験して、学んで、自分の力にしていくのです。転んで泣いても、泣いたことがプラスになることはたくさんあります。

以前、警察官の方とお話をしていて「なぜ、あなたは警察の仕事を選んだのですか?」と尋ねたことがありました。その方は、父親が警察官だったそうです。しかし、反抗期の彼は暴走族に入って、仲間と一緒に捕まってしまった。その時、彼だけが解放され、他の仲間は皆、少年院などの施設に行かされたそうです。自分だけが許され、友達に申し訳ない気持ちで一杯だった。悪いことをした、そのことよりも警察官の息子という事実の方が辛かったのでしょう。彼の経歴には傷がつかなかったけれども、心の方は充分に傷ついていたのです。

「自分にできることって何だろうと思いました。それで、暴走族になってしまう子供の気持ちを、自分ならわかってあげられるのではないかと考えて、警察官になったのです」

この方は、親に反抗して苦しんだ自分を、他の子供たちを救うことで活かしていこうと思ったのです。こういう警察官の方なら、本当に信じられる気がします。

本当は愛されていたと気づいた時、子供は変わる

以前、名古屋の方で、二十一歳の大学生を持つお母様から相談を受けました。

このお子さんは、高校時代から大変暴れ出して、お母様に暴力をふるうのだそうです。聞いてみると、この方のご主人は、お子さんを育てるのにずっと叩いて躾をしていたと言います。

お母様は止めに入りたかったけれど、「やめて」と言えば自分が叩かれるので、怖くて止められなかった。だから、子供が叱られたり叩かれたりしている時に、一度も庇ってあげることができなかったのです。

そうして育った子供が、高校生くらいになった時に、今度は「テメエが悪かったんだ」と言い出した。「テメエのせいだ」と言って暴れるわけです。お母様は、「私の教育が間違っていたのでしょうか」と泣いておられました。

子供は学校や社会の中でどんな嫌なことがあっても、いつだって母親には無条件で庇っ

てほしいものです。このお母様は、ご主人の暴力が怖くて庇ってやれなかったと言いました。しかし、お子さんは多分、お父様に叩かれながらも、お母様の目を見ていたはずです。「何も言わなかったテメエが悪いんだ」と言われたとしたら、お子さんの目にはお母様の姿がそう見えていたのでしょう。ご主人の暴力を怖れて何も言わない母親が、健全だったお子さんの心を寂しくさせて、そして、今の状態を作りだしているのです。

「誰のせいでもない、あなたのせいなんですよ。あなたはそれだけのことをしてきたんだから、子供さんに叩かれても物を投げられても、『本当は庇ってあげたかった』ということをきちんと伝えて下さい。そして、それができなかったことを詫びてください」と申し上げました。本当は愛されていたんだと気づくことができれば、子供は変わります。

今、登校拒否や家庭内暴力など、子供の問題がいろいろありますが、現状がどうあれ、子供は可能性というものを持っています。大人のそれより、ずっと大きな素晴らしい可能性。長いスパンで考えたら、この子が変わっていけばどれだけ素晴らしい人間になれるかわからない。それはもう、未知数なわけです。そう思えば、私は全ての子供を信じられるのです。

これまでたくさんのお父様、お母様、障害のあるお子さん、心の病気に罹ったお子さん、いろいろな問題を抱えたご家族とご一緒してきましたが、子供のありのままを受け入れて、そして許すことのできる家庭は、必ず良い方向に変わっています。

子供は一日一日成長していきます。もし、親の間違った対応で子供に問題が起きても、親が変わることで子供も変われます。

その場しのぎの叱責や親の勝手な言い分ばかり押し付けていたのでは、子供の価値観は育ちません。親が明確な価値観を持って、長い目で子供を見つめてあげることこそが必要なのです。

ですから私は、自信を持って「勝負は先です」と申し上げるのです。

第4章

愛のある暮しのために

父親と母親・夫と妻の役割

父親と母親がどうあるべきか、といった問題については、それぞれのご家庭に事情があり夫婦の関係性も違いますから一括りには語れません。ただ、子供を育てる時に夫婦の仲が良いにこしたことはない。これは共通の事実です。

現代は離婚率も高く、離婚でなくとも家庭の事情で別居したり、片親の家庭になって子供を育てているという例が増えてきましたので、ご夫婦が揃って子育てにあたるのはそれだけで幸福な環境と言えます。なのに、その幸福なはずの環境の中で、父親と母親の仲が悪いと子供はたいへん悲しい思いをしてしまいます。なぜ、こういうことが起きるのでしょう？

一つには、年齢的に近い夫婦が増えたことによって友達感覚で対等な関係が作られるようになり、男親と女親の役割分担についても、昔のような明確な線引きではなく互いに権利を委譲しあうようになったからではないでしょうか。そして子供というのは、そのあたりの夫婦の在り方をとてもシビアに見つめているものです。

父親と母親がぶつかっている時、「ふうん、うちのお母さんってお父さんを見る時こんな目で見てるんだ。結構きついんだな」とか「お母さんってお父さんと話をする時、こんな態度をとるんだ。よその人には優しいのになぁ」というふうに。

母親にとっては何気ない言葉や行動でも、これを毎日見つめている子供は、だんだんに父親を「尊敬の対象」として見られなくなるわけです。

そう考えると、子供と接触する時間の長い母親は、父親と子供の関係についても大きな責任を担っていると言えます。

「夫の役割・妻の役割」といっても、夫が充分に役割を全うできるような環境を作るのは実は妻の役割なのであって、子供が父親を尊敬できるように子供を仕向けるのもまた母親の役割です。つまり、母親のやり方次第でどうにでもなるということなのです。

たとえば母親がご主人と喧嘩して虫の居所が悪い時、子供が何か言って来ても気持ちを切り替えてご主人を庇うことができますか？

父親と母親が喧嘩をしているとわかったら、子供はたいてい母親側につきます。そして「お父さんってねぇ」と加勢のつもりでやってくる。その時に「いいえ、お父さんはね、本当はあなたのことが可愛くて、だからあんなことを言ったのよ」とか「実は、とても忙しくてたまたまそうしてあげられなかったの」と、お母さんの口からきちんと説明してあげれば、子供は素直に「そうだったのか」と納得します。逆に、母親自身がご主人を信じていなかったり愛していなかったとしたら、その気持ちがそのまま顔に出て言葉に出て、子供の方でも「お父さんはそんなにひどい人なんだ」ということになります。

ですから私は、子供がある程度の年齢になるまでは、子供の前に出たら演技でいいから夫婦仲を良く見せるようにしていただきたいと考えています。それは決して嘘をつくことでも悪いことでもなく、子供を健全に育てるための知恵だと思います。そしてお母さんは「あなたのお父さんは本当に素晴らしい人なのよ」といつも子供に伝えることを忘れないで下さい。そうやってご主人を立てておけば、子供たちも何かあった時にはきっとお父さんを信頼し、頼っていけると思うから安心できるのです。

また、お母さんというのは、いつも子供のそばにいる分だけ主観的になりやすいものです。そこで、お父さんの客観的な視点が必要になるということもあります。

父親の仕事の一つに「物事の決断」というのがありますが、これなど客観的に判断できる父親ならでは、の役割りだと思います。

家庭の中で、実質的な主導権を握っているのは、父親のこともあれば母親のこともあります。中には「家のことは主人に聞かずに全部自分が決めています」という母親もあります。しかし、それでは父親の役目は？　ということになってしまうでしょう。

母親というのは家庭のいろいろなところに目を配りますから、子供に対しても小さいことをこまごまと言うものです。父親は、そんな日常のことは母親に任せた上で全体を見据え、全権を持っているが細かく口出ししない。これがベストではないでしょうか。

実際にそういう家庭でなくても、子供にそう思わせる演出はできますし、演技でもやっていくうちに、お互いの役割がきちんと見渡せるようになることもあると思います。

それは例えば、子供のお小遣いの額をどうしようということや、子供に物を買い与えるタイミングはいつが良いか、そんな些細なことも、生活の様々な場面で、何か決断の必要な時、父親の関与をはっきりさせることが大切です。これは、知らず知らず子供の心に影響を与えるものです。

私は、自分が育った家庭環境や、皆様に教えていただいたことなどから、とにかく「家庭の中心に父親がいる」という構図がとても大事なことであると実感しております。

子供たちが幼い頃から、「〇〇が欲しいの」とか「〇〇したいんだけど」と言ってきた時には、必ず父親に聞くように言いました。それは、私自身にとっても、主人の存在価値を一番大切にすることが妻として大事であったたし、また、その姿勢が子供を健全に導き、自然に父権を確立していくと信じていたからです。
父親は「わかった」と言って、一度胸に止めてもらえば子供たちも必ず安心します。

小さなスキンシップは大切なコミュニケーション

家庭の中で父親の価値を高めていかれるのは母親だけです。そして、父親の価値が高まれば子供たちは安心して父親に聞くことができるのです。夫の役割というのは、家の中の大黒柱というだけでなく、その家庭全体の価値観の柱になることでもあります。家庭内のルールや方針を明確にできる父親、そして、それができる状況を作ることが妻として母親としての役割だと思うのです。

お子さんの問題などでいろいろなお母様から相談を受ける時、私は「ご主人は、このことについて何とおっしゃっていますか?」とお聞きします。一番多いのが、「主人は忙しくて時間がないので」とか「主人はあまり家にいないので」という答えでした。

確かに、ご主人がいつもぴったり子供のそばにいるという家庭はそうありません。父親は一家の経済を支えるために働いているのですから、忙しいのも当然です。しかし、前にも申しましたが、子供に愛情をかけるのに時間の長さは関係ないのです。瞬間、瞬間に愛情を持って接していれば、子供はきちんと受け止めることができます。父親としての折々の役目を充分に果たしていただくためにも、このことは母親の口から伝えてあげて下さい。

　父親が子供と接する時間は、昔に比べてとても少なくなっているのは事実ですし、加えて日本人はスキンシップがあまり得意でない。特に父親は、子供が大きくなって思春期の頃になってくると、何となく恥ずかしいのか気後れするのか、ほとんど子供の体に触れることをしません。構えてしまうと余計億劫になるものですが、たとえば父親が子供の肩にポンと手を置いて「元気でやってるのか」と声をかけたり、さりげなく「おい」と背中に触れたり、それなりに方法はあるはずです。ささいなことですが、この小さなスキンシップは大切なコミュニケーションの一つとなります。

　実際に家庭内暴力や登校拒否などの問題が起きている家庭のデータを取りますと、父親が一緒にいる機会が少ない、父親とのスキンシップがない、という場合が多いことからも、その大切さがおわかりいただけることでしょう。逆に、父親の存在がしっかり身近にあって、小さい頃からスキンシップをしている家庭では、問題の起こる率が非常に少ないのも事実なのです。

子供は、特に男の子は、中学生くらいになると親と話をしなくなり友達社会の中だけでやっていくようになる、と言われていますが、子供の本心は「いくつになっても話をしたいし、そばにいたい」と思っているものです。女の子は思春期も早いですし、精神的な親離れも早いのですが、男の子はだいたい二十歳くらいになるまで、親のサポートが必要だと言われています。ですから、子供がある年齢に達したから「もういいよ」というのでなく、一緒にいて、話を受け止めてあげる環境づくりは続けていただきたいと思います。

父母会などで「男の子だから、中学生にもなると親とは話さない」という話をよく聞きますが、そこで子供の話を聞く環境づくりをストップするというのはどうでしょうか？我が子が親のそばへ寄ってきて「ねぇ」と話しかける家庭のほうが、家族として当り前の姿なのです。この頃息子が口をきかない、という時には、ご夫婦で話し合うくらいのことはしたほうがいいと思います。

単に、思春期特有の「照れ」で喋らないという時期もあるでしょうが、もしかすると、親の方で子供の口を閉ざしている場合もないとはいえません。

母親は物事の考え方や、ものの言い方、やり方がきわめて主観的になりがちです。子供に注意しているつもりでも、その言い方を考えてみると、自分のやってほしいこと、自分の要求を伝えているということがよくあるのです。

それを感じ取った子供が「もう、話をしても仕様がないな」「お母さんは自分のことばっかり考えてるんだから」と思うようになったら、口をきかなくなる。これは、母親が信頼を失っているのです。

また、父親にも陥りやすい間違いというのはあります。父親の場合は、親の権利や権限を盾にして物を言ったり、上から決めつけて叱ったり、「父親としての威厳」で子供を傷つける言葉を使っているのに気づかないことがあります。

父親の場合も母親の場合も、自分では気づかずに間違ってしまうことがほとんどです。

こんな時、お互いを客観的に見ることができれば、お互いの間違いにも気づいてあげられるし、夫として妻として心から信頼しあえるのではないでしょうか。

父親と母親の愛の中で子供たちはすくすくと育ちますが、何と言っても母親が家庭を築きあげる中心なのです。

このストレス社会で働き、疲れて帰るご主人を癒し、子供の心をなごませることができるのは、唯一、母親の雅量と明るく振る舞う演技です。それを私は、愛と言います。

子供が信頼する母親とは

日本では「子供の個性を尊重しよう」と言いながら、まだ皆で同じことをやったり同じ方向へ進んだりということが多いと思います。たとえば、「あの学校が良いと皆が言うから受験する」とか「隣がこうしたから家でもこうしよう」とか。

しかし、その行動の元になっているのは、自分の子供だけは幸せにしたいという欲求がほとんどでしょう。皆と一緒に動くわりには、自分の子供だけしか見ていません。自分の子だけが可愛くて、極端なことを言えば、うちの子さえいい学校に入れたらよその子はどうでもいい。人情だと言われればそれまでですが、残念ながらこれは「個人主義」ではありません。

欧米で言われている個人主義とは、個人を尊重するために個人の個性を守るということなのです。それはたとえば自分の子供の個性を守るだけでなく、他の子の個性も守るという考え方です。

子供というのは、自分を可愛がってもらいたいのはもちろんですが、同じように隣の子も学校の友達も可愛がってほしいと思っているものです。ですから子供社会で生きている仲間達を、我が子と同じように公平に可愛がってあげられる母親なら、それを見て育った子供は母親を信頼し、まっすぐに進んでいかれます。

自分が大切に思っている友達を、自分と一緒に可愛がってくれれば嬉しい。「うちのお母さんはいい人だ」と胸を張って子供社会でも生きていけます。

子供が母親を信頼するというのは素晴らしいことですが、何をもって信頼するかと言えば、母親の価値観そのものです。たとえば、子供たちが遊んでいて乱暴なことをしたり、友達のいやがることをしている子供がいた場合、「いけないのよ」ときちんと叱れるお母さん。何が良いことで、何が悪いことか、価値観がしっかりしている母親を、子供は信頼します。

同じことを我が子がやったら注意するのに、他の子がやったら知らん顔、というのは子供にとっては「何でお母さんはあの子には何も言わないのに、ぼくだけ叱るの」となり、「お母さんは公平じゃない。正しくない」ということになります。

公平に愛するということは、他の子供に対してだけではなく、社会全体に対しても必要なことです。キリスト教圏の国では、国民性のなかに博愛の精神が刷り込まれていますから、公平に愛することについては日本より進んでいると言われますが、宗教が違うからと言っても、この精神を育てることは大切です。

日本では公共の乗り物のなかで、母親が子供を座らせて自分は立っている、という光景をよく目にしますが、これは他の国ではあまり考えられないことです。子供が当り前のように座らせてもらっていると、人に席を譲るという気持ちが育ちません。自分が可愛いから、お年寄りがやってきても席を立たない。

ここで、お母さんが「あなたは元気だし、丈夫な足があるのだから立っていなさい」と言えば、子供は素直に従うはずなのですが。権利ばかりを主張する、自己中心的な人間を作らないためにも、注意したいことです。

例えばお買い物をして、「重いけど、持ってくれる？」と少しでも子供に持たせれば、体でその大変さを知り、荷物を持つ人のことを思いやる子供に育ちます。

そして、他人に手を貸すことのできる人間に成長するはずです。お母さんが「あのおじいさんを先に渡らせてあげましょうね」と言って、「あのおばあさんは大変そうだから手伝ってあげましょうよ」と言って、誰にも公平に愛を尽くす姿を見せていれば、子供は母親を信頼し自然にその精神を身につけます。

「この子にとって幸せなこと」を

ところが、自分の子だけを一生懸命可愛がっているお母さんの子供は、あまりお母さんのことが好きになれないのです。

「この子が可愛くて可愛くて大事に育てたのに」とおっしゃる家庭で、登校拒否などの問題が起きる。親御さんは「可愛がったのに」と言っても、子供の方では「お母さんは大嫌い。私は可愛がられたとは思っていなかった」ということがありました。

確かにお母様は娘さんが可愛くて、お子さんの幸せを思って有名な学校に入れようと努力をさせていました。しかし、そこが〝娘の希望する学校〟ではなく、〝自分の希望する学校〟であることには気づかないでいたのです。

春になって見事受験には合格しましたが、新学期が始まると、その子は突然授業を抜け出したり、窓を開けてベランダから表に出ていくといった行動が続き、そのうち学校へは行かなくなってしまったそうです。私はそのお嬢さんと二人でお話をしましたが、「私ね、やりたいことが百もあるの」と言って、彼女は尽きない夢を二時間にわたって語り続けました。お母様が「可愛がった」ためにできなかった、たくさんの夢を。

日本のお母さんは、他の子と比較して我が子を判断してしまいがちです。そこでは子供自身の個性は後まわしになるということが起きます。「この子にとって幸せかどうか」を判断し、その子が個性を発揮できるように、という守り方ができれば、正しい個人主義も育ち、我が子もその友達も公平に愛せるようになると思うのです。

親にできるのは、子供の価値が発揮できるようにすること

今、当然のように幼稚園受験、小学校受験、中学校受験と、早いうちから子供たちは受験準備をさせられます。実は私の家でも、子供たちを幼稚園から受験させましたので、親の気持ちというのは、よくわかります。そのための塾へも行かせました。

しかし、中学受験を前にした時期に、私は塾をやめさせたのです。子供の学校の先生は、大切な時期になぜ？　とおっしゃいました。

塾へ行けば志望校の合格ラインが示され、点数が上がったといっては喜び、下がったといっては嘆き、それだけが価値判断の基準になります。そのうちに、自分だけが受かりた

い、自分だけが良ければ、という思いにとらわれる。これは違うな、と感じたのです。子供には「自分と同じように友達のことを大事に思えるということが大切なの。受験をして、志望校に受かることだけが価値のあることではないのよ」と言いました。塾をやめた子供は自分のペースで勉強して、志望の中学へ入学できました。

わが家では、親の判断で塾をやめさせるということをしましたが、今世の中ではもっと早くからもっと教育を、ということで早期教育がさかんになっているでしょう。幼児教育から英才教育、さらには胎児の段階からの教育ということで、お腹の中の赤ちゃんに「わかったら手をあげてごらんなさい」などと呼びかけています。

ご存じの方も多いと思いますが、シュタイナー教育という大変有名な教育法を実践している学校が、世界中にあります（残念ながら、日本には少ないのですが）。ここでは十歳まで知能教育をしないそうです。それまではできるだけ下半身を使って、全身で遊ばせると言います。下半身を使って遊ぶことが脳の働きを良くするということで、教育のための下地づくりをしっかりと行うわけです。この教育法の一環として裸足で土の上を遊ばせるというのも効果的だそうです（最近は、都市部では土の所がほとんどなくなりましたが）。

今の日本の学校教育の中で十歳まで知能教育をしないというのは無理な話ですが、ただ知識を詰め込むだけの教育は問題だ、というふうには変わってきているようです。

人間の集中力や暗記力というのは、何分やったから、何時間やったからといって、それで能率がいいかと言えば、そうではありません。

子供が集中して勉強していられるのはせいぜい三十分。ですから、「うちの子は三時間もお勉強したわ」ということで喜ぶより、効率良く集中させてあげる方が効果的なのです。三十分くらい勉強したら机から離れて「お母さん、何かある？」なんて言ってくるお子さんはごく正常です。そんな時に「もう休憩するの？」と言うのでなく、「そう、じゃあ何か飲む？」などと言いながら、ちょっとお休みする。そして、また勉強を再開して三十分。

こうして子供のリズムに付き合ってあげれば、たいていうまくいくものです。

良い例がスポーツの選手。どんな競技も、休憩なしで長時間続けられるものではありません。神経のサイクルがバランス良く働いて集中していられるのには、限界があるのです。それでも試験が近づくと、どうしても親の方は心配になって、子供がのんびりテレビなど見ているとつい「そんなことで大丈夫なの？」などと言いたくなるものです。でも、試験を控えた子供は、そこへたどりつくまでにもう充分なことをし終わっているのですから、後は神経をリラックスさせてあげるほうが大事なのです。

間際になって怒っても、良い結果にはつながりません。集中力とか暗記力は、血液の循環がスムーズな時に力を発揮できるのですが、怒鳴られたりすると血管はキュッと硬直して血流が悪くなってしまうのです。これでは、せっかく勉強したことも思い出せません。また、試験当日になって「しっかりね」なんてプレッシャーをかけると、緊張して力が出せないということもあります。それで、追い詰められて受験に失敗するという例もあるのです。

試験間際になったら、逆に子供をゆっくり遊ばせるくらいの雅量があるといいですね。神経がリラックスすれば、今まで勉強したことがきちんと出てきます。後は、お母さんの手料理で子供が温まるものを食べさせてあげればいいわけです。

教育はとても大切なことですが、やみくもに知識を詰め込んで点数を上げることが、子供の価値を高めるものではありません。親にできるのは、子供が良い状態で勉強できるように環境を整え、その子供の価値が充分に発揮できるようにしてあげることなのではないでしょうか。

社会が悪い、という前に

現在は、女性の社会進出が非常に進んでまいりましたので、働いているお母様もとても増えています。仕事の好きな女性、能力のある女性が仕事を続けるのは、とても良いことだと思います。

しかし中には、「子供を良い塾に通わせたいから、好きでもない仕事をするのだ」というお母様もいらっしゃる。そうして、子供のためと言いながら働いているのに、「働いていて忙しいから」と、出来合いのお惣菜ばかりで間に合わせたり、外食や買ってきたお弁当で済ませる、といった現象が起きているといいます。これでは、主客転倒でしょう。

今、子供にしてあげられることは何か、今、子供に伝えたいことは何か、そう考えると、塾に出す費用のために働いて、たとえば小さい子供に出来合いの簡単な食事で我慢させることが、「今」というこの時間に、どれほど意味があるのでしょうか？

家庭の経済事情ということもあるかもしれませんが、もしどうしても子供を塾に行かせたいということであれば、今の時代、塾の費用くらい借りて、小さいうちは子供の傍にいてあげて、子供の手が離れた時に働いて返すこともできるでしょう。

良い学校にやりたい、そのためには良い塾に通わせたい。子供の教育環境を整えてあげるのは親の役目ですから、母親が働きに出る気持ちはわかりますが、そのために親子の時間や温かい手料理の味を子供から失わせるとしたら……。あとで子供に「あの時は塾の費用のために仕方なかったのよ」と言っても、通用しないのです。くれぐれも子供の教育費のために、子供を犠牲にすることをなさいませんように。


皆さんもご存じのように、スウェーデンという国は非常に福祉対策が発達していて福祉国家として有名です。その国で、一時期、少子化がとても問題になったそうです。

福祉対策が充実するためには、就労世代が高い税金を払わなくてはいけない。もちろん国は、豊かな社会のためにその税金を還元しているわけですから、当然といえば当然のことです。

しかし、高齢化問題を解決するはずのこの政策が、若い世代を圧迫していたのでした。

納税のためには働かなくてはいけないのに、働きながら子供を預けられる施設が充実していなかったのです。つまり、目の前にいるお年寄りのケアには力を注いできたけれど、これから生まれてくる赤ちゃん達のことが後まわしになっていた。母親は働きたいから子供は少ないほうがいい、自分の自由な時間がほしいから子供はあまり生みたくない……。かくしてスウェーデンはたいへんな少子化となってしまったのでした。

これではいけないということで、数年前から国をあげてこの問題に取り組み「働きたい人はどうぞ働いてください。子供は何人生んでもいいように、国の方で施設や機関を充実させて応援しますよ」と国民に呼びかけたそうです。そうしたら、二人三人と子供を生む家庭が増えたといいます。

少子高齢化社会を迎え始めた日本にとっても、これは他人事ではありません。平成十年頃から、日本の政府も、子供のためのケアができるように十分な予算を組み始めました。このたびの行政関与がどれほどの効果を生むものかはわかりませんが、子供たちのためにも若い世代のためにもぜひプラスに働いてほしいと思っています。

学校が悪い、という前に

「学級崩壊」という言葉が一般的になったのは、つい最近のことです。

先生が「着席しなさい」と言っても席に着かない、授業が始まっても話を聞かない、私語をやめない、先生が教壇に立っているのにもかかわらず、勝手に教室を出ていってしまう……。これでは確かに授業は成り立ちません。

問題なのはこうした学級が増え、それが段々と低年齢化してきているということです。普通なら「こうしなさい」と言えば素直に従うはずの年齢の子供も、言うことを聞かない。ですから、教職にある方達が、もうやっていけないんじゃないかと、ノイローゼになるということも起こっているほどです。

学校側にしてみれば家庭での躾が悪いということになり、家庭の方では学校できちんと集団の教育をやってほしいということになります。お互い、責任転嫁になってしまいます。

私は毎年、全国の教職の方達とご一緒する機会があるのですが、お話をしていますと本当に現場の先生方が悩んでいらっしゃることも、よくわかります。しかし、私は親の立場として聞くわけです。そうしますと、これは全くの私見ですが、教える側というのはやはり一つの「権威」なのだなということも、思わずにはいられませんでした。

ですから、父母の側から見れば、たいへん言葉は悪いのですが「子供が人質になっている」という感覚になってしまうのでしょう。

本当に子供を救えるのは

昨年も全国からいらっしゃった小学校の先生方のお話を伺いましたが、皆さんお互いに「うちの学校はいじめがすごい」「うちではこんな学級崩壊の事実がある」「何しろ子供が言うことを聞かない」と、いろいろな事例を報告なさいました。

私が聞いていてショックだったのは、その内容のほとんどに関して、先生方はご自分の責任はないと思っておられることでした。先生方のお話によると、全ては子供の性格に問題があるか家庭の教育に不備があるとおっしゃるのです。

その時、私は全体のまとめ役として参加しておりましたので、少し自分の体験を交えて意見を述べさせていただきました。

「私は、カウンセリングの現場ではどちらかというと親御さん達のお話を主に聞いております。こういうことで困っている、今どうしたらいいか、ということで皆さん真剣です。

先生方が教壇の上から子供たちをご覧になる時の目線と、親御さんが家庭で自分の子供を見る目線は違いますから、その中で、先生方に届かない部分、つまり学校では見えない部分というものが多くあると思います。同じ土俵に立って考えて下さる先生もいらっしゃるとは思いますが、そのあたりをもう少しご配慮いただけないでしょうか？」と。

実際に現場にいらっしゃる先生方は、自分達も学生時代を経験し、今の子供たちの学校生活もよくご存じです。しかし、ご自分達の子供時代と今の子供たちを取り巻く時代の環境はまったく違うということを、どれほど考慮なさっているのか？　社会が複雑になってきていることを思えば「子供が一方的に悪い」と言い切ることはできないのです。

私は相談にみえたお母様が「うちの子はこうで、ああで」と一方的におっしゃる時には、「親の権威だけで子供に物を言っていませんか？」と申し上げることがよくあります。

母親は子供のことを思って躾けているつもりでも、子供はそうは思わない場合があります。全ては聞く側に権利があるのです。相手に権利があると考えて言うのと、こっちに権利があると思って言うのとでは全く状況が変わってきます。

子供が、自分の言葉によって喜んだのか、悲しんだのか、嫌だと思ったのか、実はそこに一番の価値を置かなければいけないのです。

たとえば、先生方が注意をする、何かを禁止する、あるいはピシャッと叩いてしまう時もあるかもしれない。そんな時に、先生の行為が「これはいけないことなんだ」ときちんと子供に伝わればいいのですが、子供を思いやる愛情より権威が勝れば「何て嫌な先生」と思われるでしょう。子供の心と同じ土俵に立たなければ、その気持ちはわかってあげられません。

また、続けて私は先生方に申し上げました。

「今年も、私はたくさんのお母様方の涙を見ました。今、子供が学校に行かないのです。家ではいい子なのに、学校へ行くと多動になってしまうとか、ガラスを割ってしまう、授業に出ないなど問題を起こします。親は、家の中での子供しか知りませんから、一体なぜ学校ではそうなるのかがわからない。それで学校へ相談に行くと、『親が悪い。きちんと躾をしてほしい』と言われる。そう言って泣かれるご両親がたくさんいらっしゃるのです。どうぞ、親の苦悩も考えてあげて下さい」

先生方は、目の前で落ちこぼれていく子供を見ても、自分がそういった体験をしていないから気持ちがわからない。なぜ、授業がわからないのか、なぜ先生が話をしている最中に教室を出ていくのか、なぜ？

今、新聞や本や、あらゆるメディアで「学級崩壊」という問題が繰り返し取り上げられており、先生方も模索していらっしゃいます。

でも、先生方が学校という限られた枠の、職員室という空間で話し合いをされても、答えは見つからないでしょう。

それは、先生から叱られている保護者の人達、また先生から「お前は駄目だ」と言われている弱い立場の生徒達の間にまだまだ入っていっていないからです。

話は聞いても、常に距離を置いていて、同じ土俵に立つということがなかなかできないのです。


ここでは、先生方の意識に触れましたが、これは決して先生方を非難するためではありません。先生方には先生方の苦悩があり、お考えもある。ただ、そのことが生徒の家庭に伝わらないのと同じように、親の気持ちが学校に伝わらないことも念頭に置いて考える必要があるということです。

本当に子供を救えるのは親、特に母親であるということを知っていただきたいと思います。子供は学校で本当に楽しく授業を受けているのだろうか、友達から疎外されていないだろうか、先生から厳しく叱られていないだろうか……。子供が学校でいろいろなストレスを受けたかどうか、子供の表情から感じ取るのは母親にしかできません。何かストレスが見えたら、優しい言葉でも、おいしいおやつでも、心をこめて与えてあげて下さい。

まず「学校が悪い」と言う前に、家庭でできることを行い、思いを尽くして、それでも子供の行動が落ち着かないということであれば、その時に学校側の問題として考えることです。

「学級崩壊」とは冷たい言葉です。誰が崩壊しているかと言えば子供のことを言っているのですから、こんな突き放した冷たい言い方はありません。ですから私は、こういう言葉を自分では使わないでおこうと思っています。

許すことの難しさ、大切さ

いじめによる自殺が報道された初めての例として、「大河内君」という中学生の名前を記憶されていらっしゃる方も多いと思います。

あの事件報道を聞いた時は、私もたいへん胸が痛みました。

自殺を考える時の子供の心というのは、どれほどの寂しさを抱えているのだろうと。

大河内君の母親は「自分の子供をここまで追い詰めた人間を絶対に許さない」と新聞紙上に掲載し、父親も同様の声明文を寄せました。しかしその後、大河内君と同じようないじめに遭っていた中学生が次々に「自殺」という解決手段を取るようになって、父親は新聞に「自殺をする前に自分に一本電話を下さい。私ならわかってあげられると思うから、早まらないで」という呼びかけをするようになりました。でも、子供の自殺は減るどころかますますエスカレートしています。なぜ、救ってあげられないのでしょうか？


私は、自殺願望がある方もたくさんケアしてきましたが、人が自殺を望む時というのは「寂しさ」が一番の原因であることがほとんどです。本当に、人間は寂しさには勝てないのだな、ということをいつも実感いたします。

胸に手を当てて考えていただくとわかります。誰からも愛されなくて、誰からも必要とされないと思ったら、生きていけないほどの寂しさです。

大河内君は学校で友達からいじめられた、先生は助けてくれなかった、親には言えなかった、寂しい気持ちは止められなかったのでしょう。

周囲に救ってあげられる知恵がなかった。知恵とは、愛情のことです。

この知恵は、学校で教えてくれるものではありません。何学を学んだから、どこの大学を優秀な成績で卒業したから、といって身につく知恵ではないのです。

知恵というのは愛情から発するものです。肌で相手の痛みを感じ取る感性、相手の悲しみや訴えている涙の意味がわかる心。そして、ここまでの悲しみを持った人に対して、こんなに追い詰めたものは何だったのかと考え、どうやったら自分は許されるのだろうと考えた時に、初めて浮かぶのが知恵なのです。

「許す」ということは、実はたいへん難しいことです。まして、大事な我が子を失ってしまった人にとって、直接の原因である人間を許すのは並大抵のことではありません。

相手を拒否する前に、相手の寂しさをわかってあげる心

「いじめ」は、子供社会の中に起こる特有のもののように考えられていますが、大人の社会でも気づかずに誰かをいじめてしまっている場合もあります。本人が自覚してやっているのは論外として、相手の寂しさがわからずに嫌ったり攻撃したり、ということがあるの

です。家庭の中でよく問題化するのは、年代の差から生じるジェネレーションギャップです。

先年、地方へまいりました時に相談に見えた方がありました。

「主人の両親と同居しているのですが、孫を可愛がるあまりに教育のことから躾のことから何かと口出しされて困っています。主人は自分の親ですからやはり立てたいと言うし、かといって私は全てを義父母の言う通りにしたくはないし、このままでは私が家を出たほうがいいのではないかとさえ考えてしまいます」

こういった問題は、少なからずあるものです。

人というのは、その年齢になってみなければわかりませんが、年をとって孫ができる位になると、多分寂しいのではないかと思います。孫が成長するのは嬉しいけれど、実は寂しい。だんだん年を重ねていくことの寂しさは拭い切れない。その寂しさ故に、何か自分でも思いがけないような自分勝手な行動に及んでしまう、とは考えられないでしょうか。

私は、相談にみえたお嫁さんに言いました。あなたがその年齢にならなければわからないことだと思いますが、ご両親の寂しさについてちょっと考えてみてくださいと。

「自分の息子が結婚して、妻と子供のいる新しい家族が何より大切になってしまう寂しさ、孫ができて嬉しいけれど、孫の成長につれて自分は年老いていくのだという寂しさ。この寂しさには、どんな立派な理屈も勝てません。そう思って見方を少し変えたら？」

と提案させていただきました。

「寂しくて、『おじいちゃま、おばあちゃま』と言ってほしいから干渉してくるのだ。孫に甘えてほしいから、こっちを向いてほしいから当り前。それだけのことなのだと、ゆとりを持ってご両親のことを見てご覧なさい。あなたがご両親に愛情を持って接して、ご両親のほうでも愛されていると思えば、今度は必ず孫を解き放ちますよ。あなたが先に愛して、『何ですか？　これですか？　あれですか？』と尽くしてあげて下さい」

そうしましたら、次にお会いした時には医療のセミナーもあるということで、おじいちゃまとおばあちゃまを連れて、ご主人とも一緒でしたが、お嫁さんがとてもよくしておられました。お義母様の体の具合が悪いとかで、カウンセリングのために連れてこられていたのですが、見ていましたら、前には傍に寄るのも嫌だと言っていたのが、じつに甲斐甲斐しくお世話をしていらっしゃるのです。

お義母様のほうも「嫁が心配してくれて、よくやってくれて」と嬉しそうで、その様子をご主人が一番幸せそうに見ておられたのが印象的でした。多分ご主人はこれまで、ご両親と奥様の間で一番悩んでいらしたのでしょう。

それぞれ好き勝手に生きて、好きなことをしてきて、いざ結婚してみたら何だか難しい存在が突如現れて……そしてストレスが生まれた。よくあるお話です。

けれども、相手を理解できない存在と決めつけて拒否する前に、まず相手の寂しさをわかってあげる。これが本当にできれば、いろいろなことが解決できるはずです。

相手のご両親と、同居に限らず時々会うという方も、「今は自分が折れる時、尽くす時である」と知る感性を持っていないと、ただ相手を裁くということになるのです。そんな親の態度を、子供はよく見ています。

子供は、自分を無条件に愛してくれるおじいちゃま、おばあちゃまが大好きですから、自分の大好きな人に対して母親がどんな態度でいるかをしっかり観察しているのです。

もし、その態度や言葉に子供が反感を持ったとしたら、いずれ子供は母親にぶつかっていくことになります。「許さない」関係が悪循環を引き起こすわけです。

愛する心が愛を生むように、許す心も愛を生み出す知恵なのではないでしょうか。

おじいちゃま、おばあちゃまの存在は大きな癒し

今、祖父母の存在を見直そう、愛情を見直そうという動きがあります。

核家族化が進んでなかなか祖父母と一緒の家庭が少なくなっていますが、そうすると子供が孤独になる時間が増えることになります。

また、少子化ということもあり、子供の数が少ないので、母親はきびしくなりがちです。しかし、母親がきびしくしても、祖父母ならば許してくれる。それで、子供が挫折したりつまずいたりした時に、ただ愛情だけで接するおじいちゃま、おばあちゃまの存在は、大きな癒しになるのです。

誰かが本当に愛してくれる、許してくれるとわかれば、子供は何があっても大丈夫、必ず立ち直れます。よく、おじいちゃま、おばあちゃまに預けると甘やかされて子供が駄目になってしまうのではないかと言われますが、子供の全てを受け入れる愛情は子供の心を溶かすものです。思春期や反抗期の子供たちには、むしろ必要な存在でしょう。専門家の先生方が、問題を抱えた子供のカウンセリングにあたる様子をご覧になればわかりますが、

子供と話す時には子供の立場へ降りていって話を聞き、一つも否定することがありません。全てを受け入れる、全てが許される、という土壌を作るわけです。そこで子供は安心して話すのです。

もっと広い愛情を培えば、身近な人に伝わる

最近カウンセリングに見えた方で、「自分は本当に家族の幸せを願っているのだ」というご主人がいらっしゃいました。こうもしてやりたい、ああもしてやりたいと思っているのだけれど、どうしても幸せになれないとおっしゃる。

この方には三年前にも一度お会いしていて、私は「どうぞ、人のために良いことをしてあげて下さい」と申し上げましたが、納得して下さらなかった。「自分の傍で苦労している妻や子供がいるのに、そのために自分はどうやって尽くせばいいのかと聞いているのに、なぜ他人のために良いことをしなければならないのか」というわけです。そして再びお会いして、私はまた同じことを繰り返し申し上げました。

「人のために何か良いことをしてあげて下さい。あなたは社会的にも地位のある方だし、

それがおできになるはずです。あなたなら人を幸せにすることができますから、それをおやりになって、その姿や行為をご家族にお見せになることです。そうすればあなたの価値観が奥様やお子さんにもわかります」と。

その方は私よりも年上で、誰にも頭を下げることのない、社会的に力のある方なのに、どうしても私のカウンセリングを受けたい、ということで見えていました。

「私はただの主婦です。あなたの方がずっとお立場もあるし、世の中からも認められていらっしゃる。でも、もし私を信じると言ってくださるのなら、私のやっていること、申し上げることも信じて下さい。私にも家族があります。そして、家族の幸せを願っております。けれど、家族への愛情とともに人を愛することも致します。私の家族は、そんな私とともに幸せを感じてくれております。あなたも、もう一度よくお考えになって下さい」

私の言葉を、その方はじっと聞いておられました。

「愛情がどういうものか、もう少し広くお考えいただけませんか？　家族が大事だということはわかりますが、家族だけが大事ですか？　一番身近にいる家族に対して、やってあげられることだけを考えると、実はわずかなことでしかないのです。けれど、もっと広い心で愛情というものを培っていけば、必ず愛情が返ってきます。そして幸せになれるのです」

この方は、家族の幸せだけに執着しすぎて、愛情ということの本質を考えようとなさらなかった。それで幸せに気づくことができなかったのです。

人を愛することによって愛される。愛されることによって幸せを感じることができる。こんな簡単なことを見落としていただけなのに。

他人のことを思える子供に

今、西洋医学の医師が、診察していてガンを見つけると、患者さんに「他人（ひと）のことを思ってあげよう」と言うそうです。他人の幸せを願い、他人のために祈ると、ガンが消えると言うのです。実際に、そういう事例がいくつも報告されています。なぜ、そんなことが起こるのでしょうか？

実は、他人のことを思うと血液が一番よく働くのだそうです。血液がスムーズに流れれば、酸素が十分に行き渡って身体の機能がよく動く。

このことを知っておくと、子供の健康管理や躾にも役立ちます。私達は、子供を小さいうちから躾をしていきますが、目的はといえば「愛される人間になってほしい」ということですよね。健全な精神を持ち、健康で愛される人間に成長してほしいのでしょう。だったら、健康のためにも血液を良い状態にしておくように、躾をする。

つまり、他人のことを思える子供にすればいいのです。血液をスムーズに流すために、誰かのことを大切に思う、誰か人のために役立つことをする。友達や家族を大切にする。そのためには、母親が子供にやり方を教えてあげればよいのです。道に落ちているゴミを拾う、他人のために席を譲る。

お母さんが子供の前でちょっとしたことを続ければいい。やがて、子供が「他人を思う心」を身につけた時には、まちがいなく健全で愛される人間に成長するだろうと思います。これは、医学の分野でも裏付けされている事実ですから、皆さんにどんどん実行していただきたいと思います。

第5章

幸せな心と体を作るために

テレビのある個室はストレスをつくる

アメリカの校内乱射事件以後、子供に悪影響を与えていると考えられる環境については、これまで以上に関心が高まってまいりました。

私は、事件の後でアメリカのある雑誌が、その影響力に関しての調査を行った特集を見たのですが、それによると、子供の個室や家の構造からテレビの台数や放送内容などについて、実に様々なものが大きな影響力を持っているというのです。

日本でも今、中流意識が非常に高くなってきて、子供には個室を与え、さらに子供用のテレビを与え、電話を与え、という家庭が多くなっていますが、これが大変に危険であるとされております。子供部屋で子供が何をしようが親は知らないし、知らなくていいとさえ思っているかのようですが、大人同士のプライバシーとは違うのです。子供には、見つめる親の目が必要です。

たとえば、テレビは居間に一つあればいいと言います。居間を大きなワンルームとして作り、子供の机が居間のどこかにある、という状況を作ります。子供が机に向かって勉強している姿が、遠くからでも親に見える。この環境が、互いの安心を生み絆を育てます（この特集記事を見た時、わが家には何台かテレビがあったのですが、居間用のテレビと寝室だけにしました）。

テレビ番組の内容にしましても、せめて小学校五年生くらいまでは、親が子供の見る番組を選んで決めたほうがいい。これはとても大切なことです。暴力的なものや残酷な事件のレポートなどは、子供に見せる必要はありません。そのことに関連して何か注意をしたほうがいいと思ったら、親が子供に説明すればすむことです。

犯罪の報道などは、被害が大きければ大きいほど、内容が凄惨であればあるほど、テレビは何度も映像を繰り返します。そうすると子供は「悪いことばかり、恐ろしいことばかりの世の中」という情報を嫌でも心に焼き付け、明るく生きていこうとする意志を減退させることになります。これは大きなストレスです。

心が明るく晴れやかに輝いてくるような良いものに触れさせてあげれば、それはプラスの性格形成にもつながります。

愛のある内容であれば、愛の心を育む力になるのです。

空気を汚すことの害について

昭和の高度経済成長の時代に公害が問題になった時には、大気汚染の改善などが叫ばれ、産業界も行政も公害をなくす努力をしました。しかし、公害と呼ばれるものが全くなくなったというわけではありません。そしてまた新たな問題として、現在では「ダイオキシン」が大きく取り上げられるようになってきました。

ただ、問題提起をするのは良いのですが、一つの問題が起きると、報道機関がこぞって過剰に情報を流し、逆に本当の部分を見えにくくする場合もあるので、注意しなければなりません。報道の仕方が、事実だけをきちんと伝えているのかどうか、見極める目が必要です。

たとえば、お子さんのアトピー、小児ガン、小児喘息といったものが増えていますが、これは原因のほとんどが血液に由来すると言われております。そうすると、ダイオキシンや環境ホルモンがどういう風に血液に影響しているのか、なぜ問題にしなければならないのか、ということは知っておきたい情報です。

でも、産業廃棄物の○○が一番の原因だから○○社という企業が悪い、○○を作ることを許可した○○省の責任だ、というふうに取り上げ方がどこかに集中していくのは、また別の問題です。さらに、空気の汚染といってダイオキシンならダイオキシンのことだけ過敏に反応するのも考えものです。

たしかに、ドイツやフランスに比べて日本の場合は空気中のダイオキシン濃度が高く、お母さんの母乳の中にも検出されるようなことが起きると、母乳で愛情いっぱいに育てようとしても「四カ月以上は与えないほうがいい」などということにもなります。けれど、普通に空気を吸っていても汚染されるわけです。そして、実はもっと身近に空気を汚すことが行われています。一番わかりやすいのがタバコの害。

私の友人で「タバコの害」を力説する女医さんがいるのですが、学校の父母会などで親の集まる機会に、そのことを話させてほしいと言うのです。なぜなら、「タバコは血液の働きに非常に影響があり、そのためにあらゆる機能に弊害をもたらすことを、親にきちんと知っていてもらいたい。タバコの煙はもちろん空気も汚すし、そばで副流煙を吸うことになる子供たちへの影響も大きい。いま、医学的にわかっていることだけでも理解していただきたい」と言うのです。

日本もここ何年か、公的な場での禁煙が一般的になってきて〝この駅は終日禁煙です〟などの表示が目につくようになってきましたが、本当の意味での理解が進んでいるかといえば、まだ完全ではないと言わざるをえません。

キレる状態をつくる食品

神戸の少年による殺人事件が起きた時、『サピオ』という雑誌に「脳内汚染」として、「青少年を犯罪に追いやっている食品添加物」の記事があり、アメリカのアレルギー専門家であるベン・F・ファインゴールド医師の研究が紹介されていました。

彼は、添加物を加えない食事をもって多動児の治療にあたると、数週間で著しい効果が上がったと報告しています。つまり、食品添加物や農薬などに含まれる合成化学物質が、神経を冒して子供を異常な行動に走らせ、免疫系にも大きなダメージを与えていたということが、逆に立証されたというわけです。言ってみれば、その子供たちが普段から食べているもの、親が与えている食事に問題があったことになります。

この多動児というのは、落ち着いてじっとしていられない子供のことで、こうした子供が多くなると全体の収拾がつかず、「学級崩壊」などと呼ばれる悲しい事態を引き起こすことになります。

今の子供たちが、生まれた時から添加物の多い食品を食べて育ってきたことを考えれば、家庭の躾や先生の指導以前の、こうしたことも一因と言えるでしょう。

また、近年「子供がキレる」ということが問題になっていますが、これも食生活の中にその一因を見つけることができます。それは一般に「低血糖症」と言われているものです。低血糖症とは、精白食品（白いパンや白米）やケーキ、チョコレート、清涼飲料水などを頻繁に摂取した時に起こります。

こういった糖分の高い食事（間食）をとると急激に血糖値が上がるため、それを抑えるために膵臓からインシュリンが大量に分泌されるのです。そして、この状態が何度も続くと膵臓はインシュリンを過剰に分泌してしまいます。そうなると、血液の中のブドウ糖が大幅に減少して、血糖値が下がりすぎることになる。困るのは、ここからです。

下がりすぎた血糖値を元どおりに上げるためアドレナリンが分泌されるのですが、このアドレナリンは別名「攻撃ホルモン」と呼ばれるほどで、血圧を上げる作用のあるものなのです。そのためにどういうことが起きるかと言えば、すぐカーッとなる、忍耐力に欠ける、忘れっぽくなる、集中できなくなる、イライラする、怒りっぽくなる……これらの症状は、まさに「キレる」と言われる状態ではないかと思います。

いま、学校帰りや塾帰りに自動販売機でジュースを買って飲むという子供をよく見かけますが、缶ジュースや缶コーヒーなどに含まれる糖分の量を考えると、三缶も飲めば血糖値はすぐに上がります。そして低血糖を起こし、また高血糖に戻る。そして、攻撃ホルモンが分泌される。そう考えますと、安易に甘いものを与えすぎるのは、親として控えるべきではないでしょうか。子供をキレやすくしないためにも。

お母さんは家族の顔を見ながら献立を

最近の子供は、動物性の蛋白質が大好きです。お肉はおいしいですし、ボリュームもあるので、食べて満足します。でも、動物性の蛋白質は人を怒りっぽくしたりカッとさせたり、いわゆる攻撃的にさせる働きがあるのです。かと言って、小さい時からベジタリアンのようにお野菜だけ食べさせていては、受験など、ここ一番の時に消極的になったり、いつもおとなしくて静かで自己表現ができなくなるのも困ります。世の中を渡っていく時には、ある程度のやる気や覇気が必要ですから。

食事に大切なのは、バランスです。外食ばかりしているとバランスが偏りますが、それはお店がお客さんの食事のサイクルに合わせて作っているわけではなく、おいしいものを提供するという一点に心を置いているからです。野菜炒めにラードなど使って味がしっかりとしているお料理は、動物性の蛋白質が多いのです。こうした食事は肝臓に負担をかけるのです。

お母さんは、家族の食事のサイクルを把握した上で、健康状態などを見ながらお料理を出すことができますね。けれども、気をつけていただきたい〝思い込み〟もあります。

子供が何だか元気がなくて悩みがあるような時、「この子の好きなハンバーグで元気をつけてあげよう」「ステーキで喜ばせよう」と考えるのは、実は逆効果です。

これは、大変に血液を疲れさせることになります。こんな時子供に元気がないのは、ストレスを感じているからです。このストレスが血中に影響すると血液が疲れて、循環が悪くなります。そうなりますと、ステーキを食べた翌日には血液が疲れてもっと辛くなり、「もう学校へ行きたくない。お休みしたい」ということにもなりかねません。

動物性の蛋白質は非常に大切ですが、ある程度血液を汚すということも、覚えておいて下さい。

元気のないお子さんは血液の状態も疲れている、と申し上げました。血液のことを考えれば、腎臓に良い食べ物が必要です。よく、お豆類を食べていれば健康だと言われますが、小豆は腎臓に、大豆は肝臓に良いとされております。

また、にんじんやかぼちゃなどの緑黄色野菜にはビタミンAやカロチンが多く含まれていて、腎臓に非常に良いものです。

わが家でも、子供や主人の顔を見ながら献立に野菜を取り入れるように心掛けていたのですが、トータルするとやはり煮物など野菜食が中心で、肉食は週に一度くらいだったと思います（実は、うちの子供たちは元々腎臓が弱く健康には多少のハンディがあったのですが、食事だけは気をつけていたせいでしょうか、小学校からずっと皆勤賞でした）。

丈夫な腎臓を作れば、子供の健康と情緒は守れる

私達母親が、子供の意識の中に「自分は体が弱いんだ」ということを植えつけるほど、かわいそうなことはありません。自分は無理がきかない、お友達と同じように遊べない、

と消極的にならないためにも、元気な身体を作る食事について考えていただきたいと思います。「何を食べさせたらこの子が本当に幸せになれるのかしら。何を用意したらこの子が元気さを発揮できるのかしら」という観点から献立を考える。そこには、愛と知恵があります。

家庭で用意する子供の食事というのは、中学生くらいまではほとんどが母親の手によるもので関与できますが、高校生や大学生になりますと行動範囲も広くなり、全てに親が関われない状況が増えるものです。外食の機会も増えますし、外で添加物の入った食品をどれだけ摂取しているかわかりません。しかし、だからと言って方法がないわけではありません。

良い食材で、悪いものをしっかりと排泄させることもできるのです。食物繊維の多く含まれる食事によって悪いものを出し、血液をきれいにしてスムーズに流すこともできます。「もう、手を離れたのだから」と放り出さず、外食によるマイナスを家庭の食事でフォローしてあげることも大切です。

夏場、外から帰ったお子さんは「ただいま」と言って、まず冷蔵庫を開けますね。今はどこのご家庭でもジュースや炭酸飲料水などを冷やしてありますから、熱くなった身体に急激に冷たい飲み物を飲むわけです。ご家庭によっては、アイスコーヒーなどカフェインの入った飲料を置いていることがあって、小さいお子さんがそれを飲む場合もありますが、子供にカフェインの入った飲み物を飲ませるということ自体、欧米では考えられないことです。

「暑かったでしょう。かわいそうに、こんなに汗をかいて。冷たいものでも飲みなさい」とおっしゃるお母さんは、愛情をはき違えた対応をしていることをおわかりいただきたいと思います。非常に冷えた飲み物というのは、腎臓に大きな負担をかけるのです。本来、飲み物は常温が良いとされております。暑い時には暑いなりに、常温の飲み物が体にとっては適温なのです。

昔はあまりなかったアトピーやアレルギー、花粉症といった症状がどんどんでてきたのは、腎臓に負担のかかる食生活にも一因があると言われております。

子供が直接口にする食事や飲み物などで、少しでもこうした身体への負担を軽減しようと思われるなら、まず小さい時から「家庭のものが一番好き」というように育てておいて、母親の与えるものをきちんと摂るという生活習慣をつけてあげて下さい。
丈夫な腎臓を作れば血液も浄化され、子供の健康と情緒をすこやかに守れるのですから。

「良い性格」「愛される性格」は血液の状態の良いこと

「うちの子は短気な性格で」とか「うちの子は落ち着きがなくて」とおっしゃるお母様がありますが、実は性格というのは血液の状態が現れているものです。つまり、「良い性格」「愛される性格」というのは、血液の状態の良いことなのです。

私はケアの時に精神科のお医者様とご一緒することがあるのですが、お話をうかがっていますと「本当に困る性格」というのはないと言われます。性格として見えているのは血液の状態のことですから、診療内科や神経外科で来る子供は、ほとんどが貧血状態で頭に血液が充分に供給されていないのです。

では困った血液の状態が現れた時、親はどうすれば良いのでしょうか？
「持って生まれた性格」ということではないのですから、血液を良い状態にしてあげればいい。貧血状態を改善するようにすればいいのです。

そのためには、前記の血液をきれいにする食事を摂らせることです。

「うちの子は以前は明るかったのに、自分の殻に閉じこもるようになってしまった」

「以前はこんな性格じゃなかったのに、乱暴になった」と言う時に、いきなり精神科の門を叩くのではなく、まず血液をきれいにしてあげて下さい。

子供の血液の状態を知るのに一番早い方法は、皮膚や目をよく見ることです。血流が良いと皮膚がいきいきとして血色が良いし、目に輝きがあります。子供の顔を毎日見ている親には、その違いがはっきりとわかるはずです。

また、血流が良いと、健康な身体を作ることはもちろんですが、免疫力も高まります。これは、肉体的なものに留まらず精神的にも有効だと言われております。わかりやすい例で申しますと、血液が正常でしっかりしていれば自殺も防げるということです。血流が良いと免疫力が高まり、人が鬱状態になるのを防ぎます。

血液が悪くなるとおこるノイローゼ、引きこもり

死にたくなる、自殺願望がでてくるというのは完全にノイローゼですから、ここでも頭

が貧血状態になっている。血流が良くなって正常な頭で考えることができれば、死ぬところまで行かなくてすむのです。

多動と呼ばれる躁状態のお子さんや、引きこもりになってしまうような鬱状態のお子さんの場合も、血流が悪くなっていることが充分考えられます。そうなると免疫力も低下していますから、身体の中のマイナス状況が進んでしまう。こういうお子さんの場合、カウンセリングと共に血流を良くするための食生活の改善が大切なポイントとなるのです。

また外で遊ぶ子供の数が減った、と近年よく言われます。では子供たちが何をしているのかといいますと、テレビゲームやコンピューターで遊んでいるわけです。学校と塾の間の時間を利用できる、家で一人でもできる遊びということでしょう。中には、数時間もゲームに集中しているようなお子さんも少なくありません。

しかし、人間が同じ姿勢で一つのことにじっと集中したり考えたりしますと、血流はたいへん悪くなります。そうして、貧血状態になると、周囲に気が回らず自分の世界に入っていきます。これは危険です。

あまり長時間ゲームなどに集中しているお子さんには、休憩の声をかけてあげて下さい。「いつまでやってるの！」と怒鳴っても、血流の悪くなっているお子さんの頭にはマイナスです。気分を変えてあげる配慮で、集中から解放してあげましょう。

また、集中力や記憶力というものは血液の状態に比例して効果がでるものです。血液がスムーズに流れなければ集中力も記憶力も低下するので、食事で血流を良くしたり優しい言葉で気分転換させてあげることは、勉強の時にも役立つと覚えておいて下さい。

我が子の友達は我が子の血液状態の鏡

子供が友達を作る時、この子なら仲良くやれそうだとか相性が良いとか、多分そういうことで選んでいると思います。では、その判断はどういう所でするのかと言えば、性格だったり趣味だったり好きな遊びなどが似ている、といった基準になるはずです。そうしますと、この性格、趣味、嗜好などが似ているというのは、血液の状態が似ているということに他なりません。

「どうしてあんな子と一緒に遊ぶの?」「なぜあの子が友達なの?」というお母さんがいらっしゃいますが、実はお互い様で、子供たちはそれぞれに血流や濁り具合など血液の状態が同じなので、引かれ合って友達になっているだけなのです。

たとえば「うちの子はとても静かで良い子なのに、遊びにきたあの子は悪そうだわ。なぜ二人は一緒に遊んでいるのかしら」とおっしゃる。

でも、二人のお子さんは、現れ方が違うだけで、血液の鮮度や血流の様子が似ているということなのです。おとなしい方のお子さんは、お母さんに文句を言われたくなくて、長い時間机について勉強していたために身体が凝って血流が悪くなっていたかもしれない。一方、悪そうに見えるお子さんの方は、お母さんが働いていてコンビニのお弁当か何かで夕食を済ませることが続いたため、添加物を取りすぎて血液が濁っていたかもしれない。全く違う環境で違う生活でいても、血液の状態が似ていたということはあるのです。

何か問題が起きてから「うちの子があんな子と付き合っていたからこうなったんだ」「うちの子は良い子なのに、まわりの子の悪い影響でこんなことをしたんだ」と、お互いに言い合っているかもしれませんが、血液の状態という点から見たら同じなのです。「こうなったのはどの友達のせい？」などと考えるよりも、日々の食生活や親の価値観の在り方、どう育てようとしたのか、ということについて親の方で顧みる方が先でしょう。

子供の友達が〝我が子の血液状態の鏡〟だとしたら、相手を排斥したり中傷したりする前に子供の血液の状態を改善するほうが、お互いのためにも良いことなのです。

血流を良くすることで人間関係にも良い影響が出る、というのは、子供に限らず大人の世界でも通用する真実です。自分は凝り固まっているかな、血液の状態が悪いかな、と思ったら、食事をはじめとする生活習慣を見直す必要があるかもしれません。

代替医療は心のケア

「代替医療」という言葉をお聞きになったことがあるでしょうか?

これは現代医学、いわゆる西洋医学に対してそれを補うもの、あるいは代わるものとして使われる言葉です。一般的に知られているものには、気功、針、灸、アロマテラピー、ヒーリングなどがありますが、人間の自然治癒力を引き出し、免疫力を高めるものとして、西洋医学の医師も注目しているというわけです。

西洋医学と言いますのは、痛みがあったり、熱があったり、というはっきりした症状に対して処置をする対症療法です。しかし、たとえば神経科ですと、急に暴れ出すとか鬱状態で部屋に閉じこもるなど、すぐに薬を出して対処することのできない場合がよくあります。これは、身体的な症状であると同時に、心の病でもあるからです。

いま、私も代替医療に関しては「代替医療ネットワーク（ＣＡＭＵ　Ｎｅｔ－ＪＳＣ）」の一員という立場で活動させていただいていますが、ご一緒しているのは西洋医学の先生方がほとんどです。

その先生方がおっしゃるには「病というものは結局〝心の問題〟であり、身体症状と共に魂のケアも必要である」ということです。

そして、その〝心〟の部分で言えば、幼時期にケアできなかったことが、病に発展していくことが多いそうです。子供の心をケアするというのは、それほど大切なことなのです。

私がボランティアでいろいろな方の相談を受けたり、問題を抱えた方達とご一緒する中で、心の問題と身体の問題がいかに密接につながっているか、実感する出来事がこれまで数多くありました。また私の身内には医者が多く、アドバイスをもらえる機会がたくさんあったことも、代替医療の必要性を考えるきっかけのひとつだったと思います。

現在は、代替医療の会で、メンバーである医師の方々から具体的な病例や数値を示していただいて、参考にしております。

見えない力を活かして身体に働きかける

アメリカでは、国立衛生研究所がさまざまな代替療法の研究を進め、そのためのデータをとったり、心の働きと免疫力との関係を調べる「精神神経免疫学」という新しい分野の学問を興したりしています。

フランスでは、薬を薄くすればするほど効果が上がるという薬物副作用のないホメオパシー（同種療法）の薬局がどんどん増えています。さらに、医学的な物理療法のさかんなドイツまでも、クアハウスのある温泉地の病院で温泉気候療法が受けられ、それらは国の認めた保険が使えると言います。

これらの先進国で、見えない力を活かして身体に働きかける代替療法がとても注目されていることは、日本ではまだあまり知られていません。

ひところ、プラス発想をすると脳内ホルモンが分泌され、α波が出て能力を発揮したり健康になるということが話題になりましたが、心の使い方や気持ちの持ち方で身体に変化が起きるということは、科学的にも立証されています。身体のケアと心のケアを並行して行うことは、とても大事です。

たとえば、薬というのは「化学物質」です。この部分には劇的に効くけれども他の部分には危ないかもしれない、というようなことが起こる可能性をもっているのです。西洋医学では現れた症状に対して一律に薬を処方しますが、人の状態によっては「化学反応」を招く場合もあるわけです。

同じような環境で同じような暮しをしているのに、ある人は風邪をひいて熱を出したり別の人は全く平気だったり、同じ病気で入院して同じ治療を受けても治る人と治らない人があったりします。この差が、個人個人の自然治癒力の差になります。

この自然治癒力をコントロールしているものに「免疫システム」があるのです。

いま、大脳生理学の進歩によって、免疫機能が人間の精神（心）に影響を受けて変化するということがわかってきております。

私は医師ではありませんし、診断を下して処方するのは西洋医学の領域ですから、身体の不調をまず診ていただくのは西洋医学の医師に、ということになります。私達は、目の前にいる方、お一人ずつの血液の状態を診て、心の中にあるものをつかんで、ケアをさせていただくのです。そこから、その人の免疫機能を高めて自然治癒力を発揮できるようにする、というのが代替医療の役割だと思っております。

本当の「癒し」と「救い」のために

数年前からアメリカの医学界では、五十%近くの患者に対して抗ガン剤の放射が無効であると打ち出しました。日本の医学界では、どんどん手術もしますし抗ガン剤も使っています。けれどもやはり抗ガン剤だけでは難しいということが、最近言われるようになってきました。

もともとガン細胞というのは非常に強い細胞で、どの細胞よりも強い。そこへきて、現代はストレスの多い社会のために血流が悪くなっている。そんな状態で薬を過分に投与しますと、当然のように血液は濁ってきます。

さらに抗ガン剤を投与しますと、いろいろな免疫力が低下します。免疫力が低下してガン細胞が力をつける。こうして抗ガン剤そのものが血液のネックになってきたわけです。中には、抗ガン剤の投与によって二次ガンが発生したという例も報告されています。

血液が濁ると、人間の免疫システムの一つであるナチュラルキラー（ＮＫ）細胞が活性化しませんから、ガンを防ぐことができなくなります。血液の状態が悪くなると免疫機能に大きな影響を与える、というのはこうした科学的根拠があるのです。

さらに、血液を悪い状態にする一番の原因は、ストレスであることが明確になってまいりました。そうなりますと、いかに精神状態のケアが重要であるか、ご理解いただけると思います。

いま、日本では病院の在り方がいろいろな部分で問われております。一つには薬の投与の問題。病院から出される多くの抗生物質について、常識的な医師は「三度使用しても効果がないと思ったら、患者の方でやめて下さい」と言っているはずです。

効果のないままそれ以降の使用を続けても、逆に臓器の方が冒される可能性がでてくるということです。

また、診察に関しても「セカンド　オピニオン」ということで、二人目の医師を持つことができるようになりました。そうしてもし診断の見解がずれた場合、考える余裕ができるわけです。

このように、従来の医療の方法にこだわらず、患者が選択できるように幅を広げたことで、より柔軟な医療体制が認められる土壌ができつつあると言えます。

現代医学の進歩と発展、そしてそれを補助する立場の代替医療の充実、それが当り前の医療現場の形になった時、心と身体を共に治療できる、本当の意味での「癒し」や「救い」が可能になるのではないかと考えております。

近年、子供にガンが増えつつあります。突然の宣告を受けた時から、小さな身体が手術や抗ガン剤などの試練にさらされ、その家庭が悲しみに打ちひしがれるのです。

そうした状況を見るにつけ、本当の健康、本当のしあわせを求める方達のお力になりたいと願い、今日まで模索してまいりました。

代替医療の可能性、それは、私自身がさらに勉強を続けて、一人でも多くの方の救いになることでもあると信じております。

第6章

泣いている人が一人で悲しまなくていいように

軽井沢を訪れる人々——全てありのままを受け入れましょう

一生懸命生きていても、耐えられない悲しみや辛さに立ち止まった時、そこに、この小さな家があります。巡り会えたその日から、一緒に前へ前へと進む場所です。

素晴らしい新鮮な空気の中で、素敵な緑の木々の並ぶ道を歩いたり、美味しい食事をいっぱい食べて、美しい音楽を聴いて、心から嬉しいことや感動することや楽しいことをして過ごす日々のための家なのです。

ここの施設の信条に「全てありのままを受け入れましょう」というモットーがあります。「ここは大丈夫なのよ」「誰も怖くない。皆が愛情をもっていますよ」と語りかけ、心にある傷の一つ一つをとるのが大きな役割なのです。

ある女の子、この子はもう二年間も笑顔を見せない、母親に言葉を発することもない、食事をしなさいと言っても母親の前では食べない、という状態の時にお預かりしました。最初は、お家の方に「お電話はなさらないようにして下さい」とお願いしたのです。それは母親のことに触れるとものすごくきつい表情になり、言葉も出なくなったからです。
四カ月後、その子のお母様からお手紙をいただきました。お母様が軽井沢の方へ来られて娘さんと三日ほど一緒に過ごしてもらったのですが、「まるで普通の娘のように一緒に道を歩いて、芝生の上で一緒にサンドイッチを食べて、こんな幸せが来るとは思いませんでした」と書いておられたのです。

母と娘が一緒に散歩をして食事をして、という、こんな当り前のことができなかったわけです。私がこの娘さんをお預かりしようと思ったのは、このまま一生こんな親子関係ではどちらもかわいそうだと感じたからでした。

いつも思いますのは、一生懸命に生きて、育てて、誰もが幸せになりたいと願っているのに、なぜ、子供が立ち上がれなくなるほどのダメージを心に負ってしまうのか、ということです。誰が悪かった、何が原因だったと過去をあれこれ言われても、現状から出発していかなければ幸せになる方法は見つからないし、救われません。

二十一世紀を担う子供たちが、なぜこんなに泣いているの？　なぜこんなに何かを怖れて、なぜ一人で抱え切れないような悩みを持ってしまうの？　本当に、どうしてあげたらいいの？　親の心と子供の心のギャップを考えて、子供から「何を考えているのか」を教えてもらうことから始めなければ、現状は変わりません。

ですから、私達のケア施設では「何に応えてあげたらいいの」「何をしてあげたら笑ってくれるの」と、いつも子供たちに問いかけるのが鉄則になっています。「喜ばせること」「笑わせること」というのは、とても大事なのです。喜んで笑顔が出ると、ストレスが取れる。実はこれが一番血液を正常にできるのです。

軽井沢では身体障害だけではない、知的障害や登校拒否、その他いろいろなことで私達を必要とされる方を受け入れてケアをさせていただいております。その子供たちのご両親がどれだけ泣いたか、どれだけ耐えたか……。だから私は全部お引き受けするのです。

障害を持ったお子さんと一生懸命に生きていらっしゃるお母さんには、「勝負は先なのだから、今を見ることはありません」と申し上げます。

脳性マヒで生まれたお子さんのお母様は「私はどうしたらいいのでしょうか」と真剣に訴えてこられる。私は「あなたが笑えばいいのですよ」と言う。「子供の前で泣かないで、あなたが笑ってごらんなさい」と。お母さんの笑顔を見て育つ子供は、必ず笑います。そうして笑って、何でも小さなことに喜びを感じられる子供は、血液もスムーズに流れて身体がうまく機能できるようになるのです。

「ここで過ごせてよかった」と思えるように

私は末期ガンと診断された方のケアもいたしますが、施設でケアを行う時には「在宅医療」のような具体的なケアということになります。その方がかかっている主治医の先生や看護婦さんにおいでいただいて、アドバイスをお願いしながらのケアです。

そういう方の中には、もう何も食べられない、お薬だけで命をつないでいるというような状態の方もいらっしゃいます。でも私達は喜びを与えて差し上げたくて、「さぁ、一匙でも」と、お口に入れます。

噛むことで脳に刺激を与え、腸が動く。生きているという実感を大切にするためには、食べて欲しいのです。

「食」を大切に考えるのは、健康の基本です。家庭の主婦がご主人やお子さんの食べ物を吟味するように、ケアの時にも食事は大切にいたします。ですから、スタッフが「今日は一緒にお寿司を作りましょう」などと一生懸命にアイデアを出して、皆で楽しくやっています。

施設に来られている方というのは、心の傷や病気を抱えた方です。そういう方達のケアをする時、その方の心の中にあって訴えてきているものに、応えていかなければいけません。それを、一番形にしてみせられるのも食事なのです。吟味した食材で心を込めて調理した料理、その食卓を愛情ある人々と囲む。そうして食事をするうちに、お腹も心も満たされて、ストレスや悲しみから少しずつ解放されるのです。それは、愛を感じていただけるからです。

この軽井沢のケア施設は、特別に斬新な治療法やケア器具があるわけではありません。しかし、傷ついた方達が後から「ここで過ごせてよかった」と思っていただけるような、快適な時間をご一緒することができればと考えております。

電話の向こうから訴えかける人々

一家が揃う夕食の時間は、基本的に電話での相談をお受けしないことにしております。私も家庭の主婦ですので、昼間のボランティア活動を終えてから夜九時までは、家族と向き合う時間としてとても大切にしているのです。だからこそ、家族の援助も受けて活動を長く続けてこられたのだと思います。

電話で相談してこられる方には、さまざまなご事情や悩みがあります。聞いていて心痛むことも多く、私自身が考えさせられることもたくさんあります。

先日も地方の方からお電話がありました。このお母様は看護婦さんなのですが、離婚されていて、母子の二人暮しでした。お仕事柄たいへん忙しくて、その日も勤務を終えて夜に帰宅すると、お子さんが早々と寝ていたそうです。

夜とはいっても随分早いので、「どうしたの？」と尋ねたのですが、お子さんは何も言わない。もう中学三年生で身体も大きい息子さんが、黙ってうずくまっている。気づいたお母様がよく見てみると、身体中に殴られたり蹴られたりした跡があったそうです。

お母様の帰りが遅くて、一人で留守番をしている息子さんは「ゲームセンターに行かないでね」という母親の言葉を守り切れず、どうせ家に帰っても誰もいないしということで、つい、出かけてしまった。そうすると、身体が大きいものですから中学生とは思われず、そこにいた高校生の集団に因縁をつけられてしまったのです。

その時に殴る蹴るの暴行を受けて、特に腸のあたりを強く蹴られて状態が尋常ではない。病院に連れていったところ、病院の方でも警察に知らせたほうがいいと言われた。それで、警察に知らせたほうがいいのでしょうか？　というご相談でした。

私は、きちんと知らせたほうがいいですよ、と申し上げました。もう、子供の喧嘩のレベルではありませんから。それで警察が事件として扱うことになったのですが、相手の暴行した少年達もそれと知ってか、ゲームセンターの方には現れなくなったそうです。

それにしても……と思いました。このお母様は、たしかに子供に目が行き届かなかった部分はありますが、ご自分だって働いておられた。決して遊んでいたわけではないのです。働いているお母さんだけでなく、家にいらっしゃるお母さんだってお子さんが中学生ともなれば、子供の友達が誰だか、普段はどんなところで遊んでいるのだか、全ては把握しきれなくなります。

私が怖いと思うのは、子供たちを取り巻く社会の過酷さです。近年、子供たちの荒れた心がさまざまな問題を引き起こしていることは、皆様もテレビや新聞などの報道でご存じでしょう？

相手の少年達はなぜ簡単に因縁をつけるのか、なぜ気にいらないからと言って腸が破裂するほど殴ったり蹴ったりするのか。また、一緒に遊んでいる友達が、なぜ誰もこんなにされるまで助けることができなかったのか。

いま子供たちの社会では、自分を守ることで精一杯という状況が確かにあります。人を思いやる、仲良くする、許す、という精神性が育ちにくいのです。

そして自分が何か傷つけられても、相談する場所がない。お母さんには「言わないでね。自分が言いつけたとわかったら、またいじめられるから言わないで。怖いから」と釘をさす。

友達といっても皆同じような年頃の子供ですから、庇うことも怖い。庇うと自分もいじめられるかもしれない。そういった状況の中で、子供たちは悶々としていくのです。これでは健全な精神など、とても望めません。

時代背景は、ますます子供にとって生きにくいものになっているのかもしれません。けれども、お子さんをよく観察してそのストレスを減らしてあげられるのは、親にしかできないことです。私は、そのお手伝いをさせていただくだけです。

それでも相談の後に、愛情をこめて子供を見つめてあげることで、「問題が解決しました」というお電話をいただく時には、私もご一緒して本当によかったと思います。

寂しい人が目の前に来たとき

もう、亡くなられてしまいましたが、マザー・テレサのことについては、ご存じだと思います。彼女は、たくさんの貧しい人々のために生涯を捧げましたが、病んだ人々、特にハンセン病患者のためにさまざまなことを行いました。

彼女の活動拠点であったインドにはハンセン病患者が多く、一九五七年にはインド全体で三百万人、カルカッタだけで三十六万人もいたと言われております。マザーは行政に病院の建設を掛け合いましたが、行政は動かず、やっと郊外の国鉄用地を無料で貸してもらえただけでした。

そこに治療するための患者の病棟と、働けるようになった患者のための織機工場、外来診療室などを建設し、患者の治療と自立の場を作ったのでした。なぜ自立の場が必要だったのかと言えば、ハンセン病は伝染病のため隔離して治療する必要があるのですが、治療を終えても社会が受け入れてくれなかったからなのです。

この傾向は、特にインドがひどいということではありません。日本では「癩（らい）病」

と呼ばれて忌み嫌われ、昔は投獄された人もいたそうですから、まるで罪人扱いでした。癩病の患者が一人出ると、その家は地域からボイコットされ、家族は泣く泣くその患者の籍を抜いたとさえ言われています。つまり、親でさえ病気の子供を捨てたわけです。

その頃、欧米では研究を進めて、ハンセン病は怖い病気ではなく治療ができるものだということを打ち出しており、日本のやり方は大いに批判されました。

しかし、欧米が批判したからといって、一般の人々が急に患者を受け入れるようにはなりません。当時は皆、患者に関わったら病気をうつされると思っていましたし、うつったら最後死んでしまうのだと信じていましたから。

そのような時代に、日本でも宣教師の人達が立ち上がり、自分のことは横において病気の人に尽くすことを始め、やがてその愛が多くの患者を救うことになったのです。

癩病は、組織が腐るために肉が崩れて手足などを失うということがありますから、治療の可能性があるのだと言われても、誰もが怖れ嫌うのはある程度仕方のないことかもしれません。

その中にあって、「うつっても、身体が崩れても構いません。それでも私達はケアします」と言って救癩活動を続けた人々がいたから、日本の患者達は救われたのです。

「実は癩病は伝染しない、治療ができる」と世の中に広く認識されたのは、昭和も五十年代に入ってからのことでした。過去にどれほどの人が泣いたかと思うと、この救癩活動を続けた方達の愛情の素晴らしさは、本当に尊いものです。

親でさえ病気の子供を捨てた時代、愛情は無知によって捨てられました。今、自分の子供が重い病に苦しんだ時、親はどこまで自分の身を顧みず子供に尽くせるでしょうか？

病気は替わってあげることができない。では、愛情をどのように示すのか？

自分がどれだけ愛情を尽くせるか確認する心

ずいぶん前に、私も癩病患者の方にお会いしたことがあったのですが、実はお会いする前にも会った時にも病気のことは聞かされておらず、帰ってきてから病名を知ったのでした。

地方の方で、とても大きなお屋敷の一番奥のお部屋にひっそりと座っていらっしゃいました。今思えば、隔離されていたということなのでしょうか。身体は、確かに崩れていたようでしたが、私はこの時代に癩病患者を隔離して住まわせているなどとは思いもしませんでした。

別れ際にその方のお母様が「手を握ってやって下さい。細いでしょう。五十キロあった体重が二十五キロになってしまって」とおっしゃいました。私は、その方の細くなった手をしっかり握って、お別れしました。

その後、東京に戻ってから本当の病名を聞かされた時、私は胸を突かれたような気がしました。もし、あの方が癩病患者だと先に知っていたらお宅へ伺っただろうか、手を取って握っただろうか、身体に触れてお話をしただろうか……自信を持ってイエスと答えられないでいる自分を見つけ、本当に申し訳ないと感じました。それで、あの方に毎月会おうと決め、実際にそれから毎月お会いしました。

鼻の損傷で、お話をなさる言葉はよく聞こえません。いつもマスクをしていて、何度もお会いしたのですが、とうとうマスクを取ったお顔は一度も拝見しませんでした。しかし私は、会いに行くことで愛情を示し、話を聞いて心のケアを心掛けました。結果、その方の体重はもとの五十キロに近づくところまで回復されました。

私はこの方から癩病ということは聞きませんでしたし、ご家族からも聞いていません。良くなられた後も「癩病だった」とは言われませんでした。でも、ご本人達の口から確認する必要はない。私は、初めて病名を知った時の自分の動揺を反省し、自分の心を確認するためにこの方とご一緒しただけのこと。中途半端な愛情ではいけないと感じたからこそ、完治するまでお会いしたのです。

神学校を卒業して神父になるための養成機関に入る人達は、カルカッタに行ってハンセン病患者にどれだけ自分の愛情を尽くせるかという研修を行うのですが、最初は皆が怖がって逃げ出すと聞いております。患者は身体が崩れていく。その崩れた身体で患者達がすがってくる。それが怖くて逃げ出すのです。でも、逃げられなくなった時、目の前に患者達が押し寄せてきた時に、本当に恥ずかしいと感じる。

そして、逃げ廻っていた自分の情けなさに気づき、患者達に詫びて、しっかりとその身体を抱くことができるそうです。相手がハンセン病患者でなくても、同じように心が寂しくて、友達からも相手にされず、誰も認めてくれない、そんな人を愛してあげられる自分かどうか……。

人は目の前に誰かが来た時、一番「愛」が問われます。どういう風に接しますか？　どういう風に相手のことを考えますか？　寂しい人は、この「愛」に敏感です。

寂しい時には、誰の言葉が真実の愛で、誰の眼差しが愛情をもって見つめてくれているのかということが、よくわかるのです。

居場所を求める人々

私が普段の活動拠点にしている場所が、新宿にあります。ここには、都心ということもあり、繁華街も近いので実にさまざまな方々が来られます。

ある日、中野区の福祉課の方が、指が欠損して身体に刺青のある男の人と来られました。見るからにそうした出で立ちで、他人なんか全然信じていないという風です。

私がただ一言「あなたは今まで、誰も、誰も信じていなかったでしょう。やくざの世界で生きてきて、身内からも捨てられ、誰も信じられないでしょう。でも、ここでは皆、あなたを愛します」と言った時、その方は突然号泣したのです。その様子を見ていた中野区の課長さんも一緒に涙を流されました。

「自分は今まで随分罪を犯してきた。これからは良いことをする人間に変わりたい」と、その方は言いました。そしてその言葉通り、早朝四時に起きて、それはきれいに施設の清掃をするようになりました。人は必ず変われるのです。変わることを許し、愛を忘れた心に光を入れる場所が必要なだけです。

私はスタッフに、なぜこういう方達を預かるか、きちんと説明いたします。もし、預からないと言ったら、必ず外で罪を犯すでしょう。これ以上罪を犯すのはかわいそうだからと、そのように言っております。

しかし、その方は、来てから四、五カ月経った頃、ふっと魔がさして、昔の仲間と無銭飲食をしてしまいました。

面談をしようとしますと、その方は座る前から「どうしてあなたの前に座るのか、もうわかっていますから、厳しくしないで下さい」と言うのです。私は、その方を責めようと思っているわけではありません。

「私は、悲しいからあなたに会っているのです。これだけ愛されているのに、これだけ皆が尽くしてくれているのに、なぜ悪いことをするのですか？　なぜ、昔の悪い仲間とそういう場所へ行くのですか？　お酒を飲むことが悪いと言っているのではありません。なぜ、無銭飲食をしたり、そんなに怪我をするようなことをするんですか？　私はそれが悲しい」

と言ったら、大の大人ですのに半ベソのような顔になりました。

「あなたが最初にここへ来た時、私に言ったことを覚えてますか？　自分はたくさん罪を犯した、指もないので働けない、皆から嫌われる、だから自分は変わりたいのだと言いましたね。これからは良いことをしたいからここにいたいのだと。ここでは私もスタッフも誰も、あなたにああしろこうしろと言ったことはないでしょう？　ただ、あなたが幸せになるためにご一緒しましょうと。なのに、罪を犯しました。あなたはまだ、本当の愛情を知らないのです」

そう言った後で、私はその方にノートを渡しました。「楽しいこと、悲しいこと、何でもこのノートに書いてちょうだい」と言って。そうしたら、その方はノートの始めに「必ず変わります」と書いていたのです。

この方は、小さい時から家族に見捨てられ、指は詰める、刺青は入れる、そういう風にしか生きられなかったのです。

その方がいま変わろうとしている。人は変わろうとした時に、周りが変わることを許してあげなかったら絶対に変われません。

変わることを許すこと

やくざの世界に身をおいてしまったこの方のことを、全くの他人事として聞くこともできますが、「変わることを許す」というのは、子育ての時にも通用します。親というものは、子供が誰と友達か、何をして遊ぶのか、どういうことに興味があるのか、と知った時にまず全てを許すということが難しいのです。

まるで自分の所有物のように、自分の考えの範疇《はんちゅう》から少しでも外れたらもう許せない。この「許せない」と思う気持ちがどれだけ子供の人格形成に影響していくか……。許されない子供は、自分の価値が信じられなくなります。そうして、道を外れるということも起こりかねません。

このやくざの方は、今でも身内の方に電話をするとすぐに切られるそうです。誰も彼を許そうとしないまま、ここまできてしまったのです。

でも、愛情を持って接していればきちんと心を開く、愛すべき人物です。彼が府中市に住んでいるスタッフと話をしていて、「実は自分も、何度か府中には住んだことがある」

と言っていたのですが、そのスタッフは彼が府中にある刑務所に服役していたとは知らずに話を続けていたそうです。彼の言う「府中に住んだ」がわかる人には、その会話がおかしくてたまらなかったそうです。

最初に彼を連れてきた区役所の方は、この彼を、言葉使いもとても乱暴で、人の話など聞かない手に負えない人物だ、と言いました。もし、その区役所の方が私達の施設でおだやかにスタッフと談笑する彼の姿を見たら、その態度が天と地ほどに違うことに驚くでしょう。

何の教育もされずに、何が正しくて何が間違っているのかさえ知らない。拳銃で撃たれたこともあるし、撃ったこともある。けれど、弱い子供と母親には絶対手を出さないことがやくざの仁義なのだと、彼は言いました。

そして、そういう世界で生きてきた自分にとって、ただ「愛」だけでこうして人の役に立とうとしている私たちのような人間は、話しにくいと言うのです。「これが、当り前のことなのよ」と私は言いました。

彼に限らず新宿の施設を訪れるやくざの方は、最初は横柄な態度をしていても、こちらが愛情を持って接していくと心を開き、いきいきと人のために動くようになることさえ珍しくありません。それまでの過去にとらわれて、彼らの生き方を頭から否定するだけでは、心は開かれないし、彼らも変わることはできないのです。

新宿の施設にふらりと立ち寄って、「ここは誰でも受け入れるんだろう」と、皆の迷惑も顧みずに中央に陣取って煙草を吸い始めた方もありました。その方も、見るからに裏の世界で生きてきたという格好をしています。

それでも「ここでは煙草はおやめいただいています」と注意すると、何度目かにはやめてくれました。その後も、「お金を貸してくれ」などと来たりするのですが、急に十万円だの言われても持っているわけがありません。「私はお金を十万円も貸せないけど、もし千円でいいのなら返さなくていいから使って」という風に言うと、そのうちにお金を貸せとは言わなくなりました。

ここでは誰も彼を否定しませんし、やめてほしいことは注意しても、立ち入ることは咎めないのです。

しばらくすると、彼は朝から施設の周りを掃除するようになりました。

ある日、庭の掃除をしていたその方が「この池で金魚を飼いたいんだけど」と言ってきました。施設の庭には小さな池がありましたが、何も魚はいなかったのです。「金魚が住みやすい池になればいいけれど」と言うと、その方はとても寒い日に一人で池の掃除を始め、あまり頑張りすぎて風邪をひいたほどでした。やがて、池には可愛らしい金魚が泳ぐようになりました。そうして彼は、小さい生き物ばかりでなく、自分の周囲の人々にも心を寄せる人間に変わっていったのです。

ある時は「自分の弟分の母親が入院した。自分もボランティアがしたいので、一緒に来て何をしてやったらいいか教えてほしい」と言いました。それからフィリピンやタイから日本に来て苦労している女性達の相談に乗ったり、彼にしかできないケアを始めたのです。彼と同じ罪を背負っている人達、同じ悲しみを体験している人達、彼が同じ土俵に立って「大丈夫だよ」と言ってあげられる人達に、大きな力となっていきました。

裏の世界を知らない私達ではできない「救い」を、彼が行っているのです。しかし、これは私達というよりは、日本人全体の責任でもあるような気がいたします。

特に、アジアや中近東などから日本に働きに来ている人々については、どうしても同じ土俵に立つということをしない。日本という経済大国の優越感、そして島国の閉鎖性……こうした感情を持っていては、隣人への愛情など育ちません。

私達が「愛」から始めようとする時、まず相手と同じ土俵に立つことが大切です。それは、ボランティアとしての活動に限らず、子育ての場でも同じことが言えると思います。

新宿の施設を訪れる方達とご一緒しながら、私も学ぶべきところがとても多いのです。

そのことに心から感謝しております。

第7章

大丈夫、きっと解決できます

――質問に答えて

登校拒否の男の子

Q 小学校一年生の息子が、入学式のその日から学校に行きたくないと言っています。何とか学校へ送りだしても、帰ってきた時には筆箱の鉛筆はかじって折ってしまっていて、消しゴムもぼろぼろになっていました。そして、学校が始まって一週間経った頃には、家ですごく暴れだしたのです。暴れながら「僕は妹なんか汚くて、一緒にいるのが嫌だったんだ」と言います。この子には妹がいて、アトピーのために顔の皮膚がひどい状態でした。「ママは僕のこと全然わかってくれない」とソファーを蹴ってやめません。私もびっくりしてジッと聞いていたら、しばらくしておさまったのですが、学校のことを聞いても「話したくない」と言うし、どうだったのかと聞いても「わからない」と言うばかりで、困っています。

A 一つには、学校側へ対応をしてもらうことです。小学校一年生の担任というのは、たいていベテランの先生が受け持ちます。ですから早い段階でご夫婦揃って学校へ出向き、現在の様子や妹に対しての言葉、また暴れたことなどをお話なさって下さい。こういうことは、受け持ちの先生が気をつければかなりコントロールできる内容かと思います。

お子さんとしては、新しい環境の所へ行って、その「嫌だ」という原因がはっきりと自分自身でわからないことを、お母さんに対して訴えてきているわけです。

お友達が嫌なのか、いじめがあったのか、授業を受けるのが苦痛なのか、何が原因だかわからないけれども、いずれにしても学校で起きていることは先生に見ていただく。まだ、学校生活が始まって早い時期だけに、ここで出てきた問題は早めに解決した方が反動も小さくてすみます。

もう一つ、妹さんのことですが、多分お母様は「妹を可愛がりなさい」とおっしゃったのでしょう。でも、お子さんは妹が可愛いと思えなかった。お子さんにしてみれば「お母さんは自分より妹の方を大切にしているんだ」というふうにとれたのだと思います。

子供というのは、何人いても皆「一人っ子」なのです。自分だけを可愛がってもらいたい。だから「妹を可愛がりなさい」と言われても理解できない。僕だっているよ、僕の方が先に生まれてるよ、って。

お母様は「あなたが一番可愛いのよ」と、お子さんに言ってあげて下さい。「妹の方はアトピーということもあって心配はしてたけれど、あなたが一番可愛いのよ」と、何度でも膝に抱いてあげながら言って下さい。人間は三回同じことを言われると、脳にインプットされるそうですから、きっとお子さんもお母様の言葉を胸に刻むはずです。

本当に学校で嫌なことがあるなら、本当はお母さんと一緒に家にいたいくらいの年頃です。なのに学校へ行かされるというのは、親が妹だけを可愛がっているせいじゃないか、と考えて寂しくなってくるのかもしれません。それで、物に当たる。

本当は筋道を立てて、乱暴するまでの葛藤を話せればよいのでしょうが、小さくてそれができない。お母様は治療のつもりで、下の子が何をしようが上のお子さんをひたすら可愛がって下さい。

それと並行して、受け持ちの先生にきちんとお話をすることです。先生も毎日子供たちを見ていらっしゃるのである程度はおわかりでしょうが、家の中のことはお伝えしなければわかりません。

これまで学校側では「親が悪い」「家庭が悪い」という立場でしたが、いろいろな問題がこれだけ浮上してまいりますと、お互いに耳を傾けることが大事だというふうになってきております。こういった家庭との交渉は教頭先生や副校長という方達が担当になっているはずです。担任の先生だけでなく、学校全体で考えていただくためにも、こうした方達に伝えていかれてもいいかと思います。

お子さんの乱暴や登校拒否には必ず原因があります。ですが小学校一年生くらいですと、本人も原因については筋道立てて説明できないのです。家庭で、学校で、愛情を持って「原因」からお子さんをガードしてあげて下さい。

仲間はずれにされる娘

Q 小学五年生の娘のことですが、仲良くしていたグループのお友達と些細なことから喧嘩になり、それがきっかけで時折仲間はずれにされるなどの意地悪を繰り返されています。娘は仲直りしたがっているのですが、なかなかそれができず「どうしたらいいの?」と私に聞いてきます。悩んでいる娘を何とか安心させるようにするには、どのように言えばよいのでしょうか?

A まず、お友達がなぜ意地悪を繰り返すのか、ということを考えてみましょう。

相手の女の子は多分寂しい心を持っていて、その寂しさを自己愛に陥ることで補おうとしているのかもしれません。娘さんを仲間はずれにすることで愛情の外に置き、寂しさを違う形で訴えているのです。そういう相手の心の状態を説明してあげた上で、寂しくて、つい意地悪をしてしまうのだから許してあげるようにとおっしゃって下さい。

「あなたから優しい言葉をかけて、お友達が寂しくならないようにしてあげて」とアドバイスなさることです。許す心を持ち、愛する心を伝えれば、きっとお友達も娘さんへの接し方が変わってくるのではないでしょうか。

万引きしてしまった息子

Q 小学四年生の長男が、書店で本を万引きしてしまいました。「どうしてこんなことをしてしまったの」と尋ねると「お友達がスーパーでやっていたのを見て、自分もやってみようと思い立った」と言うのです。どのように対処してよいものかと迷いましたが、結局長男を連れて書店へ出向き、事情を話して謝り、長男にも謝罪させました。長男も口では「ごめんなさい」と言ったものの、どうも心底反省しているようには思えません。今後、どのようにしたら、正しく導くことができるのでしょうか？

A 日本という国は、義理や体裁を重んじ、また人の目を気にするお国柄です。お母様も、子供の気持ちよりまず先に、そのことをお考えになったのではないでしょうか？「友達がやっていたから」という単純な理由で、子供は簡単に罪を犯してしまいます。そんな子供に、盗んだ先で謝罪させたということは、子供に大きな責任を負わせてしまったということになります。それは、子供にとって「思いがけない恐怖の経験」となり、その時に感じた恐怖は、ずっと忘れられないはずです。子供の成長過程で、こうした恐れおののくような経験を記憶させることが、子供にとってプラスになるとは思えません。

私なら一人で先方へ出向き、親としてお詫びをするでしょう。そうして子供には一対一で、自分がどんなに悲しく思っているかということを伝えます。母親というのは、どんな時でも子供を守ってあげられる存在でなければいけないのですから。

「お母さんは私のことを絶対守ってくれる」と思えるように育てば、子供は悪いことができなくなるものです。母親に愛されていることを実感しているから、できなくなる。それなのに必要以上に子供を責めると、子供は行き場をなくしてしまいます。確かに悪いことは悪い。けれど、そういう時こそ子供に愛情を伝えなければいけないのです。

「お母さんがお詫びに行く。そして、あなたの代わりに謝ってくる。だから、もう二度としないでね。お母さんがとても悲しいの、わかるでしょう」と、心で理解させることです。

私は、これが教育だと思っています。

生き方を教える時に、怒って恐怖を与えては子供が耳を閉ざしてしまいます。そうではなく、心を溶かしていくのです。母親は大きな愛情で子供の心を溶かしながら、コントロールしていくのです。

また、息子さんが反省しているようには見えないということですが、母親はどんなことがあっても子供を信じてあげなければいけません。

子供が詫びているのに、「この子は本当は詫びていないのではないか」というような目で見ていれば、それは子供に伝わります。そうすると、親の前で体裁を繕うようになり、裏表のある人間になりかねません。

親は子供を信じ、何か問題が起こっても、まず子供の存在を受けた上で対処の方法を考えるようにしてあげて下さい。

人の目や体裁のためにではなく、子供自身のために。

小さい子供を預けて働く母親

Q 春からフルタイムで働くため、一歳の子供を保育園に預けることにしました。これからどういう心構えで子供に接していけばいいのか、アドバイスをお願いします。

A お子さんを保育園に預けて働いているお母様はたくさんいらっしゃると思います。

子供は一歳半から二歳くらいの間に善悪の判断がついてきますし、三歳頃にはほとんど自分の意志を持って、何が善で何が悪かを覚え表現するようになりますが、この過程で、やはり母親から学ぶことが一番大きいウエイトを占めているものです。

でも、いま言われているのは、子供を育てていく上で何が何でも母親というのでなく、母親以外の人間が何人あってもよいのではないかということです。それはたとえば、たった一人の母親から受けてしまう「デメリット」というのも、確かにあるからなのです。

もちろん母親が全て正しければ良いのですが、母親の持っているものが子供にはそのまま写りますから、子供の周囲に母親以外の判断基準があるのも大切なことなのです。

保育園の先生に教えられたり、同年齢の子供たちの中で、お互い泣いたり笑ったりして成長する事は、たいへん大きいメリットになります。事情によっては、子供を預けることもいいと思います。

お母さんというのは忙しいですから、子供を保育園に引き取りに行って翌日預けに行くまでの間にも、食事の世話、掃除、洗濯と次々にやらなければならないことがあります。そこで、子供が二歳三歳になって自分の欲求を表現できるようになった時、その時の母親の応対が問題になってきます。時間がないからと言って「ちょっと待ってちょうだい」「ちょっとこれをやってからね」ということで、子供にすぐ応えてあげないでいると、それが子供の心に寂しさとなって残ります。

家事や他のことが完璧にできなくても対処の方法はありますが、子供にとっては今その時に伝えたいこと、後からでは取り返しのつかないことというのがあるのです。折々に愛情を伝えてあげられるよう、気をつけてあげて下さい。

また、テレビを子守や友達がわりのようにしても駄目ですね。テレビは一方通行ですから、言葉の発達には良くありません。こちらから子供が反応できない。

もし、夜しか時間がないのなら、できるだけ一緒にいて子供の話に応えてあげましょう。

離れている時間はあっても一緒にいる時間が充実していれば、子供は愛されているという確かな自信を持つことができるのです。

一人親家庭の子育て

Q 単身赴任や離婚などで、母親または父親が一人で子供を育てていく人へのアドバイスをお願いします。

A まず父親が単身赴任の家庭についてですが、子供というのは父親がいてもいなくても、尊敬の対象でなければいけません。その家庭の決定権は全部父親、という大前提を作っておく。

たとえば海外へ単身赴任というなら別ですが、国内で電話できる範囲なら、「お父さんにまず聞きなさい」というようにすることです。小さなことでも、何か買ってほしいというようなことでも、出張先へ電話して父親に聞くことです。

全部の主導権が父親にあるという家庭は、父親が単身赴任でいなくても大丈夫なのです。

それは母親が父親の存在を認めていますから。

子供は、母親の態度を通して父親を信頼していきます。これは、母親がいかようにもできることです。

また、離婚して母親が自分の手だけで子供を育てている、或いはアメリカに多いように父親だけで育てるということもあります。私は、それでもよいと思っています。親が、自分の愛情をそのまま伝えてあげられれば、一人親だからという寂しさは減少されるでしょう。一方、子供の前でいつも夫婦喧嘩をして子供に悲しい思いをさせていくことの方が、いずれ大きな問題に波及しかねません。

たまたま片方の親がいなくても、充分に愛情をかけてあげれば、子供はその愛情を全部吸収します。また、親から充分な愛情を得られない子供でも、お祖父さんお祖母さんの愛情でいいのです。子供というのは、誰からか愛されているということで安心して育つのですから。

一人親という事情だけで、「子供がまっすぐ育たないのでは」と心配することはありません。

反抗期の悩み

Q 十五歳の男の子のことで相談します。この子は一人っ子で、現在登校拒否になり、たまに学校へ行っても暴力をふるっているようです。いつもは昼まで寝ていて、夜になると他の学校の友達と出歩いたりしてとても困っています。

小学校の時には勉強のよく出来る子でした。でも、年齢が上がってくると、親の思い通りには行かなくなり、それからは接触する時間がほとんどなくなってきています。

A あの、神戸の事件の供述書を読みますと、人間に手をかける前に、猫など弱いものに対していじめる行為がありました。あの子もたいへん頭のいい子でしたが、非常に寂しかったと言っています。両親が立派で、あの子に対しては過分な期待をしていたそうですね。

しかし、あの子には両親とのギャップがあった。自分自身を理解されない寂しさがあったわけです。いつも心にはその寂しさがあって、ああいう事件が起こってしまったのです。そうなってから、どうしたらいいのでしょうと言われても、言い訳はききません。

ご相談の件と比べると神戸の事件は極端な例のように思われるかもしれませんが、底にあるものは同じであるように思えましたので、あえてお話しました。

中学生の時期は、反抗期と言われ、子供たちも精一杯反抗しています。これに対して、親は何もおさえつける権利はないのです。子供が暴れたら殴られても蹴られてもいいから「十五歳になるまでに、きっと寂しい思いをさせてしまったのだ。もっと小さな頃に、『ねぇ、ねぇ』と訴えていたのに……申し訳なかった。本当にごめんなさい」と、子供に詫びるべきなのです。そして、実は詫びると言うことが愛なのです。

中学三年生にもなれば、お母様が心から詫びることでわかってくれると思います。むしろ、反抗して反抗して、反抗し尽くしている今だからこそ、良いタイミングかもしれません。

母親の愛を感じてくれたら、子供は変われるのです。

学級崩壊のクラスを抱えて

Q 私は教師なのですが、今「学級崩壊」と言われるような状況が、自分の所でも起こっています。学校でどう対処していいのか、また自分自身がどう乗り越えていけばよいのか、今とても悩んでいるので何かアドバイスをいただきたいのですが。

（生徒が暴れたり、言うことを聞かない、集団で何かやる、というようなことですか？）

集団ではないのですが、何を言っても「自分の勝手だろう」とか「自分が面白ければいい」と言って、授業に参加しないのです。私の方も多分、一方的に注意することが多いとは思うのですが、生徒が気に入らないと机をぶつけてきたりもします。

A 私はよく「家庭内暴力を起こしているお子さんには、一度しっかり抱きしめて『本当はあなたが可愛い。あなたのことを思っている』ということを言ってほしい」と申し上げます。

先日も高校生のお子さんを連れて、お母様とそのお友達という方が見えましたが、母親が何か言うたびに「うるせぇ」「てめぇ」と、それはもうすごい態度でした。

でも、「今日はよく来てくれたわね」と言って、こちらが本当にそのお子さんのことを思って話をしたがっているのだと真剣に伝えたら、わかってくれて話してくれました。

私達はこうやってボランティアでケアをさせていただく時に、単なる同情とか「やってあげている」という態度では、絶対許されません。「わかってあげたいのだけど、どうしたらいいか教えて」と、こちらの愛情を受け取ってもらえるように気持ちを伝えるしかないのです。

荒れている子供たちというのは、荒れることで何かを訴えています。それを「こういうことをしては駄目。あなたはどうしてこうなの」というように上の方から責めても、何も変わりません。それこそ反発するだけです。

今まで子供たちが訴えてこられなかった寂しさを、まず受け止めてあげなければ、こちらが何とかしてあげたいと思う気持ちも伝わりません。

子供たちを本当に変わらせたいということでしたら、あなたが持っていらっしゃる愛情を目で伝え、言葉で伝え、態度で伝えてあげて下さい。相手が、自分達のことを本当に思ってくれていると感じたら、子供はきっと変わります。

先生を信じられない父母達

Q 小学校三年生の娘ですが、一年生の時の担任の先生が年配のベテラン女性教師だったのです。かなり厳しいところもありましたが、娘は先生が好きでした。

　普通は二学年持ち上がりで担任するのですが、その先生は娘が二年生になった時に突然五年生の受け持ちになったのです。その受け持ちのクラスというのは、学級で生徒が暴れ出したり授業ボイコットが起こったりという問題の多いクラスで、とうとう先生は学校に出てこられない状態になってしまいました。娘は「先生が病気になっちゃったらしい」とたいへん心配して、お手紙を書いたりしていました。

　そして娘が三年生になった時、その先生がまた娘のクラス担任になられたのです。娘は先生が好きですから喜んでいたのですが、他の父母達は「五年生のクラスを崩壊させてしまった先生が担任では納得できない」と言うことで、一部の父母は校長室へも意見を言いに行ったそうです。

　私が娘に聞くと「男の子が悪いの。男の子達が言うことを聞かないから、先生はかわいそう」「厳しいけれど、私は嫌いじゃない」と言うのです。

　確かに、クラスも平穏ではないのかもしれません。友達が怒られているのを見るのも、暴れているのを見るのも辛いとは思うのですが、自分の娘の様子からは落ち着いているように見えるのです。父母の中にも「一〇〇％完璧な先生には出会えるわけがないし、うちの子供は大丈夫」という方も多いのですが、納得できない父母はなかなか意見をやめません。

最近、その先生の様子にも変化があり、父母会の時に涙ながらにおっしゃったのです。

「こんなに年を取って今さらと思われるかもしれませんが、私は子供の心をもっとわから

なければいけないということと、時代性に合った指導をしなくてはいけないということを

本当に学びました。これまで申し訳なかったと思います。自分も一生懸命努力して子供の

ところへ下りてきていますが、すぐには変われないこともあって、父母の方にはご迷惑を

おかけしますが、今、変わる努力をしております」と。

私は、先生のこの言葉に感動しました。自分だってなかなか変われないのに、子供の気

持ちに立とうと気づいてくださったことは良かったなぁ、と思いました。

しかし、他の父母は「あれは嘘よ。父母向けの言葉よね。子供の前じゃ何も変わってい

ない」と非難するのです。私は「嘘だとは思いません。変わったかどうか確かめてはいま

せんが、自分に置き換えて考えると、変わろうと努力なさったことを認めたいと思います」

と反論しました。そうすると非難の矛先は私にも向けられ、いろいろと言われました。

あまり言われるので「申し訳ないけれど、先生いじめをしたいのですか?」と聞いたら、

「○○さんのお母さんは話にならない」ということで、一部の父母が動き出したそうです。私の発言のせいで、娘がクラスで孤立するようなことになってはと心配です。こんな時、どのように対処すればよいのでしょうか？

（学校は公立ですか？）はい、そうです。

A 公立の学校と私立の学校では、父母の感覚が大きく違うということがあるようです。私立の場合は、学校側と父母の側が共に築き上げていく姿勢がうかがえるのですが、公立の場合は先生方に対して父母の見方がかなり厳しくなるようです。いろいろな問題が起きた時に、先生の責任とする部分がかなりあるのですね。

この先生のように一年生から五年生、三年生というふうにいろいろな学年を託されるということは、学校の中で問題の部分をベテランの先生にお任せしているわけで、学校の形態が難しいところにあるということでもあります。ご自身のように「あの先生の異動はそういうことなのかな」と理解できる父母もいますけれども、ほとんどの父母は現象だけを見て、そこを突いてきます。

学校側を弁護するわけではありませんが、父母の方でも考えていただかなくてはいけないことが確かにあります。どういうことかと申しますと、子供から聞いたことだけで先生を判断していく、これは怖いことです。

子供が「嫌だ」と言ったら、そればかりが横に流れていく、そして大きな問題に波及していくことになります。そういう形で問題になると、公立の先生方はたいへんご苦労することになります。

問題がエスカレートしてくると今回のご相談のように、理解のある父母と突き上げる父母が対立してしまう、そして先生を吊し上げてボイコットというような事態に発展していくのです。

また一方では、それがまるで良いことのような風潮もあるのです。「父母の方が先生に言っていくべきなのよ」と。

その先生はこれまでのことを顧みてご自分で誠実に反省なさった、それは良いことです。たまたま五年生の担任の時に荒れる学級を止められなかった、そこで父母からの圧力がかかってボイコットされ、三年生に戻された。これは充分に考えられます。

しかし、子供たちが親達と一緒になって先生のボイコットに荷担するというのは、どうでしょうか？　親が動いているんだから、自分達も先生を許さない、ということになるのです。そういう価値観で育つ子供にしていいかどうか、考えていただきたいと思います。

一つには、子供が先生を非難してもいいという土壌を与えてしまう、これは縦の関係の中で礼儀を逸することにもつながります。

たとえば子供が何か言ってきた時に、全体を高い位置から見下ろせる親であれば、子供の言い分ばかりを鵜呑みにしないで状況を把握することができるはずです。自分もすぐに渦中に飛び込んで、子供と一緒になって裁く、というのは非常に危険なことです。

私がお勧めするのは、何か「間違っているのではないか」と感じたら、教頭か副校長に言うことです。こういう方達は学校では渉外担当ですし、立場としても、先生方の上司として上から治めることができます。また、父母の動きも把握できるので、全体を見てコントロールができるのです。

公立の場合は、父母が「先生を動かせるのだ」という意識を持っていることが多いのですが、常識的に考えて行動し、冷静に状況を見なくてはならないのは父母の側にもあります。

いま、ご自身が何かをなさらなくてはいけない、ということはありません。

進路を決められない子供

Q 息子は現在高校三年生で三人兄弟の長男です。本人のやりたいことが見つからず進路が決まりません。父親は納得できないようでいろいろ言っています。

長男はおとなしい方で、中学では反抗期もなかったのですが、この頃私にも父親にも「自分はずっと命令されてきた」と言うのです。私としては、今進路が決まらなくても、大学で方向が掴めればいいと思っているのですが、本人は大学には行きたくない、勉強はやりたくないと言います。

父親に反抗しない分、私にいろいろ言ってきます。息子の言い分もわかるし、父親の言うことも間違いではないと思うのです。

親は子供にある程度希望があるのは当然だし、私は親子で考えていけばきっと良い案が見つかると言うのですが、子供は「命令された」としか思っていなかったようです。

こういう思春期の子に対応するにはどうしたらよいのでしょうか?

A 最近は、息子さんのようなケースが増えているように思います。この時期は身体は大人のようでも、まだ価値観がしっかりしていない。ですから、そういう時には親の価値観だけを伝えておくことです。

でも、ここで気をつけなければならないのは、夫婦の意見がばらばらというのは逆効果だということ。「お父さんはああいう人だから仕方ないわ、でも私はあなたの味方よ」ということになると、子供は不安になります。子供から見た親は同じ意見であるほうが、わかりやすいし安心できます。

できれば夫婦の意見は、子供に伝える前に調整しあって足並みを揃えておいて下さい。父親の気持ちは男としてこうなのだ、ということをよく把握した上で、お母さんが「私もそれに賛成よ」という結論を出せれば一番よいのではないかと思います。

母親というのはどうしても子供の味方になって、子供が本当に願っていることならむしろ私が主人を説得しよう、という気持ちになりますが、それもケース・バイ・ケースで、まずはご主人の意見を聞いて夫婦間の調整をする方が先です。

特に男の子の場合、父親の意見をきちんと伝えることは大切です。父親は、男性社会の中でその一員として生きてきて、女性である母親には見えない部分もよくわかっています。

男性社会の先輩として父親の意見を参考にしながら、母親として子供に理解できるように伝えてあげるわけです。

　いま、日本は段々と学歴偏重の社会から変わりつつありますが、かと言って学歴が全く問題にならないということではありません。まだ、学歴の壁が厚く厳しい所もあるのです。そういうことを肌で知っている男性の意見と、客観的にそれを見る時のギャップは非常に大きいと思います。

　もし父親が、そうしたことで苦労したならなおさら、自分の息子にはそんな苦労はさせたくないと願うでしょうし、逆に学歴が大きな後ろ楯となって成功した父親は息子にもそういうものを与えたいと願うでしょう。これは親心としては当然のことです。ただ、それを押し付けるのでなく、きちんと伝える。

　そして、その上で、子供が「それでも自分の道はこうだ」と価値を置くものが見つかれば、それを応援すればよいと思うのです。

朝の支度に時間のかかる子供

Q 幼稚園の年長児ですが、朝、目をさますとそのままゴロゴロしていたりオモチャで遊んだりして一向に身支度ができません。着替えや歯磨きなどの基本的な生活習慣を自発的にやってほしいのですが、とても時間がかかります。親としては「早く早く」と言わずに、自分から進んでするまで待ちたいと思うのですが、登園のバスの時間も迫ってくるとつい急かしてしまいます。どうしたらよいでしょう?

A どこの家庭でも頭を抱える問題ですね。私はたくさんの子供たちを見ていて思うのですが、子供の社会も幼稚園から始まって結構過酷なところがあります。大人だったら何かあっても消化できる、あるいはこの部分さえ我慢すれば後で楽しいことがある、と思えるのですが、子供にはそれができない。今、いやなことは絶対いやなのです。後でね、とか、帰ってきたらおいしいおやつがあるから、というのが通用しません。

このお子さんの場合は、幼稚園に行くことそのものを嫌がっているわけではないようですから、一つには子供の身体の状態を考えてみることもできます。何で朝からゴロゴロしていて起きられないのか、何で普通の子のようにさっさと支度ができないのか……。

いま、腎臓の機能が低下して、疲労している子供が増えています。そうすると、疲労感が取れない。さらに疲労感が高まると、血流が悪くなって頭に血液が充分に行き渡らないということになります。頭の血液が薄くなると自分の世界に入っていくことになり、ああしたいこうしたい、ということを非常に言うようになります。その時にわがままだと思わないで、お子さんに食べさせたものや飲ませたものをチェックなさった方が早い、ということがあります。外で売っているもの、添加物がたくさん入った食べ物や飲み物を小さい子供に与えていますと、腎臓や肝臓に負担がかかって弱くなるのです。そのせいで、お子さんは疲労しているのかもしれないのです。

朝からのろのろしているのは、頑固に行きたくないと言っているのとは違います。上手に身体の不調を訴えられないから、何となくのんびりしたり、行きたくないような言葉にしてしまうということがよくあります。

それは、お子さんの状態を観察すればわかります。目に覇気があるかどうか見て下さい。腎臓の弱いお子さんは顔に出ます。よく見て、そして身体が辛そうだなと思ったら、ゆっくり休ませてあげる。

お子さんに熱があるとか、どこが痛いとはっきり訴えられないかぎり、病院には行かないものですが、一番大切なのは日々のお子さんの状態をよく把握することです。

今、食生活の変化に伴って、全体にお子さんの腎臓が弱ってきているという事実があります。腎臓が弱くなるなんていうのは大人になってからの話だ、なんて思わないことです。まずはお子さんの目を見て、食生活をチェックして、状態をきちんと把握してあげて下さい。

早期教育について

Q 早期教育についての弊害などが言われますが、どのようにお考えでしょうか？　具体的にお聞かせ下さい。

A 私が考えておりますのは、早期教育に適したものとそうでないものがある、ということです。たとえば、音感教育。これは、語学なども含めて、感性が養われる部分であり、右脳の分野ですから、早期教育も効果的だと思います。

しかし、知能教育と呼ばれるものは左脳の分野になります。これら知能、知識の教育は、できるだけ遅い方がよろしいでしょう。今は、早くから字を教えたり数字を教えたりしますが、早期教育をした子ほど、早く成長が、だいたい十歳くらいで止まってしまうと言われております。

とは言え、現在は幼稚園に行くにも受験があり、小学校へ行くにも受験があるわけですから、「知育は遅く」と言っても難しいものです。

うちの子供が小学校から受験をさせたというお話はいたしましたが、中学校を受験するという時になって、塾は一切やめさせました。私が受験のための塾通いをやめさせた一つには、ながい目で見た時に、うちの子のためにならないと考えたからでした。普通は、早くから字が書けて、いろいろできて、一見力がついているように見えるのですが、子供が五年生の時に、気がついたのです。

早期教育で得たものを頼りにしていると、いつかそれがもろく崩れるということを。それで、子供に合ったペースで勉強させるようにしたのです。

いま、早期教育の弊害と言われているのは、頭脳労働をさせた時のことです。その子にとって、歌を歌ったり絵を描いたりして好きなことをして、それが喜びなら良いのです。しかし、知能教育は知識を与えて頭脳労働をさせるもの。

頭脳というのは、神経の回路で働きますから、のびのびと楽しくさせ、喜びを与えないと回転しないいんだということがわかったのです。私はそのことを、たくさんのケア体験の中で学びました。

枠からちょっとはみ出すと、もろく崩れる。どういうことかと言うと、いわば答えを覚えているだけなのです。小さい時から３＋３＝６だということを覚えただけで、なぜ６になるのかということを理解していない。答えを覚えてしまって、その過程は覚えていない。

早期教育というのは、子供が何か自分で考える、自分でぶつかる、あるいはゆっくり時間をかけて、ひっくりかえしたり試行錯誤しながら体験して覚えるのではなく、早く言えば「答えの形」を覚えてしまうようになります。ですから、点数は取れてしまうのです。

本当は、小さいうちはあれこれひっくりかえしたり、もたもたしている子の方が、後から力をつけてくるものです。それをさせずに、先に答えの形を覚えさせてしまうとしたら、早期教育の弊害は大きいと思います。

また親も、あまり早い時期から、子供の能力について見極めようと焦らないことです。

小学校一年生くらいの男の子と女の子を比べますと、男の子はたいてい多動でじっとしていない。「静かに座っていなさい」と言っても、すぐに動き出します。女の子の方は静かにしていられます。性差というものが、ここから現れてくるのです。

思春期も、女の子の方が早くて、男の子は少し遅れてやってきます。それで、男の子が大体十七歳くらいになりますと、知能的に女の子の上を行くようになります。実は、この十七歳の時に特性を見ればよいのです。

それが、早くから見極めようとするあまりに、子供の特性を見まちがえていくことになります。誰かと比べ、何かと比較して、可能性を切り捨てたり、方向性を誤ったりすることも少なくありません。

子供の特性というのは一人一人違いますし、その現れ方も時期に差があるものです。

皆さんのお子さんも、よく見てあげて下さい。その子が目の前にある教材にどのように対応しているのか、そのことこそが大事なのです。問題を与えられて、ひっくりかえしたり何だかんだと自分の頭で考えているようなら安心してよいと思います。

小さい時から答えの形だけを覚えて、サラサラッと機械的にやってしまう子供は要注意。サラサラッとやってきて、そのまま進んでいくと、どこかで挫折します。

世の中というのは、実は四角ではありません。だから、四角い枠にはめられて育った場合には、世の中の凹凸に対応できないということができてきます。早期教育で早々と枠の中に入れて育てますと、今後、現実に対応できなくて精神的なケアが必要になるということも起こります。これは、早期教育の大きな弊害と言えます。実際に、そういう形でケアの必要なお子さんを、私自身、何人も見てきております。

早くから頭脳労働をさせることは、子供に大きなストレスをもたらします。現代のストレス社会にあって、子供が限度以上に左脳を使いますと、いつかパンクします。

どうか子供たちのために、そのことを考えてあげて下さい。

あとがき

数年前から、自分の体験を「講演」という形でお話させていただくようになりました。三十余年に渡り、ケア体験の中から学んできましたことをお伝えさせていただいておりましたが、やがて、そんな私の話を、レポートやテープにしてコピーしたものが、講演を聞きに来られた方達だけでなく、周囲の方達にも伝えられていることを知りました。

自分の体験から学んだことだけですのに、そのように広がっていることがとても不思議に思えます。

過去に本を出したらどうか、というお話もいただいておりましたが、そのつどお断わりしておりました。

昨年、テープを聴いて尋ねて来られた出版社の方から、

「目の前の人だけでなく、本にして、もっと多くの、悩み苦しむ方が救われれば、素晴らしいこと」と言われたのです。

あぁ、そう言うこと……。本をつくるというのは、名前や肩書きがあるから、というこ

とではなく、体験したこと、学んだことをお伝えすることで、実際に会えない方にも「大丈夫」と言ってあげられる。そのために本という形をとることが最良と理解できました。

私の心の想い「子供への救い」と、出版社の方の願いが重なり、このような運びとなりました。

さらに此の度㈶日本ユニセフ協会で御決裁をいただき、この本の私の収益は全て「印税を日本ユニセフ協会に贈る」ということで許されたのです。

本当にささやかな、わずかなものですが、私の最高の喜びとなりました。

二十一世紀という、この時代を築いて行く子供達の未来が、愛に満ち、輝くために、この本が少しでもお役に立ちますことを願っております。

最後に、この本を上梓するにあたって御協力下さった皆様、支えて下さった皆様に、心より感謝をこめて、厚く御礼申し上げます。

中原儀子

愛は全ての原動力

2001年 3 月 1 日　初版発行
2009年11月 1 日　9 刷発行

著　者　中原儀子
発行者　真船美保子
発行所　ＫＫロングセラーズ
東京都新宿区高田馬場2-1-2　〒169-0075
電話（03）3204-5161(代)　振替 00120-7-145737
印　刷　太陽印刷工業(株)
製　本　(株)難波製本

ISBN4-8454-1209-8 C0070
Printed in Japan 2001